3年级 课文里的作家

荷花·爬山虎的脚

叶圣陶/著

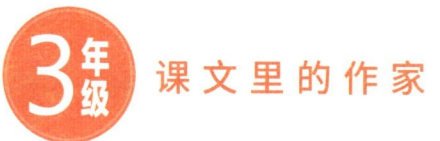

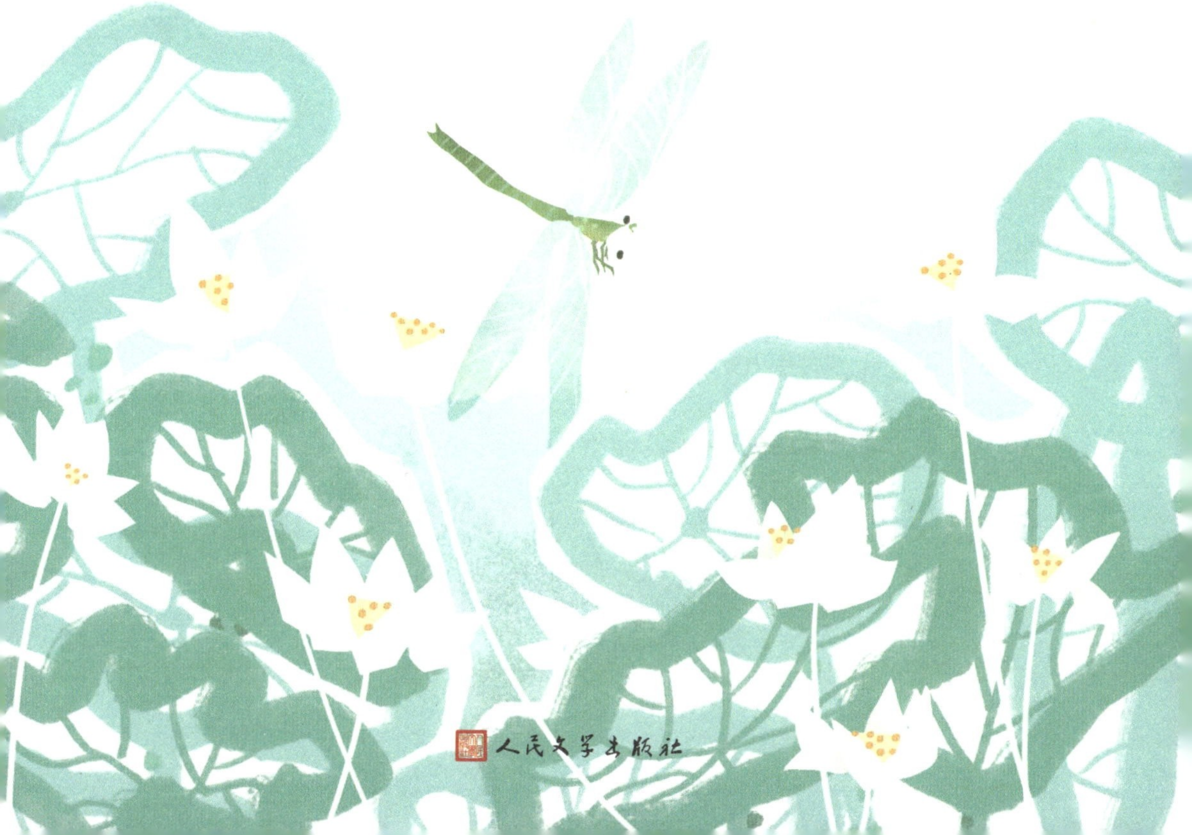

人民文学出版社

图书在版编目（CIP）数据

荷花·爬山虎的脚 / 叶圣陶著. -- 北京：人民文学出版社，2025. -- （课文里的作家）. -- ISBN 978-7-02-019322-6

I. G624.233

中国国家版本馆CIP数据核字第20259D21Y0号

责任编辑	季金萍　于　敏
装帧设计	黄云香
责任印制	王重艺

出版发行	人民文学出版社
社　　址	北京市朝内大街166号
邮政编码	100705

印　　刷	小森印刷（北京）有限公司
经　　销	全国新华书店等

字　　数	48千字
开　　本	710毫米×1000毫米　1/16
印　　张	7.75
印　　数	1—5000
版　　次	2025年8月北京第1版
印　　次	2025年8月第1次印刷

书　　号	978-7-02-019322-6
定　　价	28.00元

如有印装质量问题，请与本社图书销售中心调换。电话：010－59905336

出版说明

阅读是提升核心素养，提高语言文字应用能力、思维能力、审美创造力的重要途径。《义务教育语文课程标准(2022年版)》明确提出："关注个体差异和不同的学习需求，鼓励自主阅读、自由表达；倡导少做题、多读书、好读书、读好书、读整本书，注重阅读引导，培养读书兴趣，提高读书品位。"在此背景下，我们特别策划了"课文里的作家"系列丛书，精心挑选那些作品曾被选入课本的优秀作家，将他们的经典作品编选成集。

人民文学出版社"课文里的作家"是一套面向中小学生的语文教材配套读物，具有如下特点：

一、与教材配合紧密，深度呼应统编语文教材"教读—自读—课外阅读"三位一体的教学体系，为中小学生铺设从教材出发走向广袤阅读世界的阶梯和通衢。丛书以教材中的选篇为原点，系统梳理每位作家的经典作品，编选上结构清晰、难易分明，兼顾了课内学习与拓展阅读的需要，帮助学生有效实现课程内外衔接。

编辑理念方面，尽量保留作品的原汁原味，方便学生领略作品的原生态、作者语言的多样性，以及随着时代变迁，语言、文化所经历的历史性变化。

二、贯彻1+X理念，规划分级阅读体系，兼顾学生学习梯度和进阶需要。选文既注重经典性，又注重丰富性。除选入与教材关联性较强的作品之外，有意识选入作家不同体裁类型的作品或篇幅稍长些的作品，方便学生进行延伸阅读，提升阅读能力。

小学阶段以童话、故事、寓言、儿童诗、叙事性作品等为主，中学阶段则安排小说、散文等多种文学体裁。考虑到不同年级学生的差异化阅读需求，我们特别为一、二年级书目配备了全文注音，其他年级则为生僻字、易错字注音；必要时，对一些难懂的字词做了注释。既方便低年级学生独立阅读，也兼顾了高年级学生自主阅读能力的提升。

三、每本书后特设"作家的故事"栏目，旨在深化学生对课文作家的了解及创作背景的认知，延伸课外阅读路径，强化读写能力；同时为教师提供教学资源和思路，教师可将其作为素材与课内教学配合使用。

四、特邀资深插画师精心绘制插图，形象化呈现关键情节。用图画关联生活经验，辅助青少年读者自主阅读的同时，也希望通过视觉上的愉悦体验激发学生的阅读兴趣，使他们在享受文字魅力的同时，也能感受到多维美的熏陶，提升艺术鉴赏能力。

阅读是实现文化传承的重要手段，是塑造完满精神的核心路径。希望这套精心选目、严谨编校推出的系列读物，能够切实解决广大教师、家长选书难的问题，为学生的课内外自读和"课后三点半"阅读活动提供支持和方便；有效引导中小学生加深对课文的学习和理解，提升语文能力，进而养成良好的阅读习惯，品悟文学与文化之美，涵养性情，滋养心灵。

人民文学出版社编辑部
2025年5月

目 录

荷　花 ……………………………… 1

春　天 ……………………………… 4

夏天的雨后 ………………………… 6

霜的工作 …………………………… 9

牵 牛 花 …………………………… 11

爬山虎的脚 ………………………… 14

三棵银杏树 ………………………… 16

燕　子 ……………………………… 18

大　雁 ……………………………… 21

各种的声音 ………………………… 23

我的小弟弟 ………………………… 26

小弟弟的三句话 …………………… 28

老　黄 ……………………………… 31

看　月	36
没有秋虫的地方	39
聪明的野牛	43
一粒种子	50
富　翁	58
画　眉	67
祥哥的胡琴	77
稻草人	89
古代英雄的石像	102
作家的故事	111

荷　花[1]

今天清早进公园，闻到一阵清香，就往荷花池边跑。荷花已经开了不少了。荷叶挨挨挤挤的，像一个个大圆盘，碧绿的面，淡绿的底。白荷花在这些大圆盘之间冒出来。有的才展开两三片花瓣儿。有的花瓣儿全都展开了，露出嫩黄色的小莲蓬。有的还是花骨朵儿，看起来饱胀得马上要破裂似的。

这么多的白荷花，有姿势完全相同的吗？没有，一朵有一朵的姿势。看看这一朵，很美，看看那一朵，也很美，都可以画写生画。我家隔壁张家

---

[1] 本文是叶圣陶《一个少年的笔记》系列散文中的一篇，最初以《诗的材料》为题发表在《旅行家》杂志1956年十一月号。选入统编教材时定名为《荷花》。

挂着四条齐白石老先生的画，全是荷花，墨笔画的。我数过，四条总共画了十五朵，朵朵不一样，朵朵都好看。如果把眼前这一池的荷叶荷花看作一大幅活的画，那画家的本领比齐白石老先生更大了。那画家是谁呢……

　　我忽然觉得自己仿佛就是一朵荷花。一身雪白的衣裳，透着清香。阳光照着我，我解开衣裳，敞着胸膛，舒坦极了。一阵风吹来，我就迎风歌唱，雪白的衣裳随风飘动。不光是我一朵，一池的荷花

都在舞蹈呢,这不就像电影《天鹅湖》里许多天鹅一齐舞蹈的场面吗?风过了,我停止舞蹈,静静地站在那儿。蜻蜓飞过来,告诉我清早飞行的快乐。小鱼在下边游过,告诉我昨夜做的好梦……

周行、李平他们在池对岸喊我,我才记起我是我,我不是荷花。

忽然觉得自己仿佛是另外一种东西,这种情形以前也有过。有一天早上,在学校里看牵牛花,朵朵都有饭碗大,那紫色鲜明极了,镶上一道白边儿,更显得好看。我看得出了神,觉得自己仿佛就是一朵牵牛花,朝着可爱的阳光,仰起圆圆的笑脸。还有一回,在公园里看金鱼,看得出了神,觉得自己仿佛就是一条金鱼。胸鳍(qí)像小扇儿,轻轻地扇着,大尾巴比绸子还要柔软,慢慢地摆动。水里没有一点儿声音,静极了,静极了……

我觉得这种情形是诗的材料,可以拿来作诗。作诗,我要试试看——当然还要好好地想。

春　天

太阳光从窗外射进来。在光当中，看得见极细的尘屑在那里浮动。一股暖气熏得我周身舒服；过了一会儿，竟觉得热烘烘了。

一阵清香拂过我的鼻头。摆在桌子上的一盆兰花有三朵开了。碧绿的花瓣，白地红斑、舌头一般的花蕊，怪有趣的。兰叶的影子描画在白墙上，就同画幅上画着的一般。

我走到庭前。看见阶石旁边的一个泥洞里出来三个蚂蚁。它们慢慢地前进，走了一段便停一停，仿佛在那里探路。又有一个蚂蚁出来了。它独自爬

上阶石，在太阳光中急速地前进。

什么地方传来蜂儿嗡嗡的声音？我抬起头来寻，寻不见。可是听到了这声音，就仿佛看见了红红白白、如山如海的花。

我走出了大门。细细的柳条上，不知什么时候染上了嫩黄色。仔细看去，说它黄色也不对，竟是异样可爱的绿。轻轻的风把柳条的下梢一顺地托起，一会儿便又默默地垂下了。

柳树下的池塘里，鱼儿好快乐呀！成群地游到这边，游到那边。白云、青空以及柳树的影子，都在水中轻轻地荡漾。一幅活动的画图！

我深深地吸了一口气，不自主地说："完全是春天了！"

夏天的雨后

逢到夏天，我们都欢迎下雨，因为下雨过后就有许多事情好玩。只等雨点一停，便跑到院子里或者外面低洼处去。刚下的雨水并不凉，赤着脚踏在里边，皮肤上起一种快感。彼此高兴地践踏着，你溅了我一身，我溅了你一脸。偶然失脚滑跌，沾了满身的泥，引得旁人一阵哄笑。然而很少因此退缩的，哭的更没有了，多数是越跌越起劲；甚至有故意滑跌，博旁人一笑的。

拾蝉儿、捉青蛙也是雨后的有味事情。蝉儿经了雨，被冲到地上，伏在草丛中，不能飞动，很容易拾到。拾了几只回来，放在篾（miè）丝笼里，随时听它们叫。青蛙平时难得到岸上来，雨后大概因为快活的缘故，多数蹲在草丛中呱呱地叫着。它们

非常机警，跳跃也极灵活，一听见声音便急忙跳进水里。这须得轻轻地走近去，眼快手准，出其不意地把它抓住。有时脚踏不稳，被青苔滑倒，沾了一身泥水；待爬起来，青蛙早就溜走了。

雨后钓鱼，那是更好了。镜子一样的河水特别澄清碧绿，有时起细碎的波纹。杨柳的枝条倒挂下来拂着河面，点点的水珠时时从树上落下。鸟儿唱着轻快的歌。水草散出一种清爽的气息。我们一面下钩，一面玩赏这种画境，快活得说不出来。我们对于钓鱼，其实并不在行。有时看见浮子动了，急忙掣（chè）起，却一无所有。有时掣起太迟了，被鱼儿白吃了饵去。有时鱼儿确已上了钩，却因掣起不得法，重又落在河里。然而有时也会钓得很大的鱼，我们便唱着喊着跑回来。

此外还可以采菌。那就非久雨之后不可，因为菌类须多日的阴雨才会长出来。每逢久雨初停，村里常见有许多人到野外去采菌。于是我们也戴着草帽，提着竹篮，高高兴兴地跑到田里。不多一会儿工夫，就采满了一篮。回家炒着吃，或者做汤、下面，味道都是很好的。所以每逢连朝下雨，我们就知道有一顿很好的午餐或者晚餐在那里等我们了。

霜的工作

很冷的晚上,霜大声地喊:"你们预备着,今晚我要留在你们这里了。北风吹了一天,厚厚的云挡住了太阳的暖气,是我工作的时候了。特地关照你们一声,免得你们预备不及,就来埋怨我。"

霜这样喊过之后,大家都预备好了。农人把牛牵进屋里,给一切牲畜加铺一点干草。母亲把厚被盖在孩子的身上,让他们暖和地睡觉。种花人说:"这些花草不要被霜弄坏了。"就把花盆移过。

霜的工具都在一只小箱子里。是些什么东西呢? 一只颜色盒子,大大小小的画笔,还有剪刀和铁锤。

霜背起小箱子,动手工作了。它把草叶和有些树叶涂成黄色,把有些树叶涂成嫩红色,更把有些树叶涂成老红色。它拿起一枝大画笔，蘸着银白色来画田地，田地上就像落过小雪一般。它拿起一枝小画笔，也蘸着银白色来画人家的窗玻璃，窗玻璃上就有了非常美丽的花纹。

它又用了剪刀剪开各种种子的壳，嘴里唱着："你熟了，散播到各处去吧！你熟了，散播到各处去吧！"最后它到栗子树上，说："栗子也熟了，我要敲开那些硬壳，让孩子和松鼠有栗子吃。"它用了铁锤把一个个硬壳都敲开。棕色的栗子就在毛茸茸的屋子里露出来了。

牵牛花

手种牵牛花，接连有三四年了。水门汀（tīng）地没法下种，种在十来个瓦盆里。泥是今年又明年反复用着的，无从取得新的泥来加入。曾与铁路轨道旁种地的那个北方人商量，愿出钱向他买一点儿，他不肯。

从城隍庙的花店里买了一包过磷酸骨粉，搀和在每一盆泥里，这算代替了新泥。

瓦盆排列在墙脚，从墙头垂下十条麻线，每两条距离七八寸，让牵牛的藤蔓缠绕上去。这是今年的新计划，往年是把瓦盆摆在三尺光景高的木架子上的。这样，藤蔓很容易爬到了墙头；随后长出来的互相纠缠着，因自身的重量倒垂下来，但末梢的嫩条便又蛇头一般仰起，向上伸，与别组的嫩条纠缠，待不胜重量时重演那老把戏；因此墙头往往堆积着繁密的叶和花，与墙腰的部分不相称。今年从墙脚爬起，沿墙多了三尺光景的路程，或者会好一点儿；而且，这就将有一垛完全是叶和花的墙。

藤蔓从两瓣子叶中间引伸出来以后，不到一个月工夫，爬得最快的几株将要齐墙头了。每一个叶柄处生一个花蕾，像谷粒那么大，便转黄萎去。据几年来的经验，知道起头的一批花蕾是开不出来的；到后来发育更见旺盛，新的叶蔓比近根部的肥大，那时的花蕾才开得成。

今年的叶格外绿，绿得鲜明；又格外厚，仿佛丝绒剪成的。这自然是过磷酸骨粉的功效。他日花开，可以推知将比往年的盛大。

但兴趣并不专在看花，种了这小东西，庭中就成为系人心情的所在，早上才起，工毕回来，不觉总要在那里小立一会儿。那藤蔓缠着麻线卷上去，嫩绿的头看似静止的，并不动弹；实际却无时不回旋向上，在先朝这边，停一歇再看，它便朝那边了。前一晚只是绿豆般大一粒嫩头，早起看时，便已透出二三寸长的新条，缀一两张长满细白绒毛的小叶子，叶柄处是仅能辨认形状的小花蕾，而末梢又有了绿豆般大一粒嫩头。有时认着墙上的斑剥痕想，明天未必便爬到那里吧；但出乎意外，明晨竟爬到了斑剥痕之上；好努力的一夜功夫！"生之力"不可得见；在这样小立静观的当儿，却默契了"生之力"了。渐渐地，浑忘意想，复何言说，只呆对着这一墙绿叶。

即使没有花，兴趣未尝短少；何况他日花开，将比往年盛大呢。

爬山虎的脚

学校操场北边墙上满是爬山虎。我家也有爬山虎，从小院的西墙爬上去，在房顶上占了一大片地方。

爬山虎刚长出来的叶子是嫩红色。不几天叶子长大，就变成嫩绿色。爬山虎在十月以前老是长茎长叶子。新叶子很小，嫩红色不几天就变绿，不大引人注意。引人注意的是长大的叶子。那些叶子绿得那么新鲜，看着非常舒服。那些叶子铺在墙上那么均匀，没有重叠起来的，也不留一点儿空隙。叶尖儿一顺儿朝下，齐齐整整的，一阵风拂过，一墙的叶子就漾起波纹，好看得很。

以前我只知道这种植物叫爬山虎，可不知道它怎么能爬。今年我注意了，原来爬山虎是有脚的。

植物学上大概有另外的名字。动物才有脚,植物怎么会长脚呢?可是用处跟脚一个样,管它叫脚想也无妨。

爬山虎的脚长在茎上。茎上长叶柄儿的地方,反面伸出枝状的六七根细丝,每根细丝头上长个小圆球儿。细丝和小圆球儿跟新叶子一样,也是嫩红色。这就是爬山虎的脚。

爬山虎的脚触着墙的时候,小圆球就成了一个小吸盘。六七个圆圆的小吸盘就巴住了墙,枝状的细丝原先是直的,现在弯曲了,把爬山虎的嫩茎拉一把,使它紧贴在墙上。爬山虎就这样一脚一脚地往上爬。如果你仔细看那些细小的脚,你会想起图画上蛟龙的爪子。

爬山虎的脚要是没触着墙,不几天就萎了,后来连痕迹也没有了。触着墙的,细丝和小吸盘逐渐变成灰色。不要瞧不起那些灰色的脚,那些脚巴在墙上相当牢固,要是你的手指不费一点儿劲儿,休想拉下爬山虎的一根茎。

三棵银杏树

　　我家屋后有一片空地，十丈见方，前边和右边沿着河，左边是人家的墙。三棵银杏树站在那里。一棵靠着右边，把影子投到河里。两棵在中央，像两个亲密的朋友，手牵着手，肩并着肩。

　　三棵银杏树有多大的年纪了，没有人知道。父亲说，他小时候，树就这么高这么大了，经过了三十年的岁月，似乎还是这么高这么大。

　　三棵树的主干都很直，支干也是直的多，偶然有几支屈曲得很古怪，像画上画的。每年冬天，赤裸的支干上生出无数小粒。这些小粒渐渐长大，最后像牛的奶头。

　　到了春天，绿叶从奶头似的地方伸展出来。我们欢喜地说："银杏树又穿上新衣裳了！"空地上有了这广大的绿荫，成了最好的游戏场所，我们在那里赛跑，唱歌，扮演戏剧。经过的船常常停泊在右边那一棵的绿荫下面，摇船的歇口气吸一管烟，或者煮一锅饭，这时候，一缕缕烟就袅袅地升起来了。

银杏树的花太小了，很容易被人忽略。去年秋天，我一边拾银杏果，一边问父亲："银杏树为什么不开花？"父亲笑着说："不开花哪儿来的果？待来春留心看吧。"今年春天，我看见了银杏树的花了，那是很可爱的白里带点儿淡黄的小花。

说起银杏果，不由得想起"烫手啰，热白果"的叫卖声来。白果是银杏果的种子，炒熟了，剥掉壳，去了衣，就是绿玉一般的一颗仁，虽然不甜，却有一种特别的清味，我们都喜欢吃。

秋风阵阵地吹，折扇形的黄叶落得满地。风把地上的黄叶吹起来，我们拍手叫道："一群黄蝴蝶飞起来了！"等到黄叶落尽，三棵老树又赤裸裸的了。屈曲得很古怪的支干上偶然有一两只鹰停在那里，好久好久不动一动，衬着天空的背景，正像一幅古画。

燕　子

　　燕子，如果拿在手里看，是很不漂亮的鸟儿。它飞行的时候却漂亮极了，那狭长的翅膀，那分叉的尾巴，都像由最高明的画家画出来的，没有一个姿势不美。

　　它有那样的翅膀和尾巴，它有一对非常敏锐的眼睛，它的项颈几乎短到没有，完全为着飞行的便利。再加上一张极大的嘴，老是张开在那里，只待食物自己投进去。这样，它就飞着吃，飞着喝，飞着洗浴，飞着喂它的儿女。

　　虽不像鹰那样能从空中直扑下来，燕子飞行却更为自由。它能旋转，旋转，旋转成不知多少个圈子，那路线是无定的，刻刻变化的。谁要想得到它，给它这样旋转又旋转，早就弄糊涂了；更兼精疲力尽，只好放弃了它。然而它还是一点没有疲倦。

它靠着这种无比的技术和能力，很容易地猎取那些老是飞着的东西，像苍蝇、蚊子、甲虫以及其他的虫豸（zhì）。

燕子的脚极细小。如果停在什么地方，就得用细小的脚去抓住，把肚皮贴着那个地方。这是费力的事，而且很不自由；其时它便不如一只笨重的鸭子。所以它难得停下来。它和其他动物正相反背；其他动物休息时停止了活动，惟有它，不停地飞行才是它的休息。

　　燕子把它的窠（kē）做在高处，也为着飞行的便利。高处的窠是个最适当的出发点。它从那里像箭一般射出来，在广大的空中要怎样便怎样，何等自由，何等舒适。如果把窠做在低处，就没有这样方便了；因为要从一处地方飞跃起来，在它是很为难的。

大　雁

  秋天，一群一群的大雁在天空飞过，发出清亮的叫声。大雁的家乡在遥远的北方。那儿秋天就飞雪，到了冬天，什么东西都给冰雪盖没了。太阳每天只露一下脸，立刻又落下去了。如果再往北去，到了北极，那儿足足有半个年头见不到太阳的面。这样寒冷，这样黑暗，大雁怎么能生活呢？所以到了秋天，它们就结队迁移，向南方飞来。

  大雁的飞行队很有秩序，常常排成"人"字形，"之"字形，"一"字形，我国的诗人因而把它叫做"雁字"。大雁飞行的时候，由一只富有经验的统率着全队。停下来休息之前，先在空中盘旋，侦察地面有没有危险。它们饥饿的时候，连麦苗和青草都吃。可是到底是水鸟，最喜欢在湖边和江滩上搜寻它们的食物。

到了春深时节，它们的家乡渐渐暖和起来，冰雪融化了。太阳每天照得很长久，只有三四小时黑夜。如果再往北去，就整整六个月，太阳老在天空中打转。因为阳光充足，草木很快地生长起来，各种虫豸也繁殖得很多。大雁从南方飞回去，用芦秆等东西做基础，放上枯叶和羽毛，做成了窠，就把卵生在窠里。母雁孵卵非常专心，除非十分饥饿，它决不肯离开一步。一个月之后，小雁出壳了，一出壳就能活泼地走动。母雁带领着它们到有水的地方去觅食。那儿虫豸既多，得食自然很容易，侵害大雁的动物很少，行动又极自由。大雁在这样安适的地方生活，真个其乐无比。

可是，这样安适的地方不是常年不变的。过了夏天就是秋天，冰雪又要来管领这个地方了。因此，大雁必须每年一次离开故乡，到南方来避寒。

各种的声音

各种的声音引起我们各种的情趣、各种的想象。

早上醒来,眼睛还没有张开,听见碎乱的一片小鸟声,就知道晴明的阳光在等着我们了。傍晚的时候,听见乌鸦一阵阵地呼噪,就知道人家的烟筒里要吐出炊烟来了。

鸭儿成群游泳,嘎嘎地叫着,使我们想起江南的春景。鹰儿在明蓝的天空中盘旋,徐徐地发出尖锐的鸣声,使我们想起北地的清秋。

夏天,树枝一动不动,送出一片蝉声来,我们只觉得很寂静。秋天的夜里,围绕屋子都是秋虫的声音,我们也觉得很寂静。同样地寂静却又有不同:蝉声带着热味,而秋虫声带着凉意。

人家聚集的地方也就聚集着鸡和狗,所以一听

见鸡啼、狗叫，我们便感觉群众聚在一起的热闹情味。可是我们到动物园里去，听见了狮子的一声吼叫，即使旁边有着许多的游客，总似乎独自个儿留在深山荒野里了。

水声是很有趣味的。小溪好像一个人在那里轻轻地弹琴，瀑布好像许多人在那里不断地打鼓，弹琴固然寂静，打鼓也不觉得喧闹。大江、大海的声音却像山崩地陷，带着一种惊天动地的气势，我们听了只觉得自己的微弱，连口都不敢开一声了。

走进都市里，便到处听见人为的声音。火车和汽船呜呜地响着汽笛，各种车辆发出各种的声音，有些店家奏着招引买客的音乐，有些店家开着无线电收音机。如果走进工厂，便听见机器运动的声音，很有规律，显示巨大的力量。这些都是人类文化的声音，情趣和前面说的那些声音自不相同。

各种的声音引起我们各种的情趣、各种的想象。

我的小弟弟

　　我的小弟弟才三岁。他常有一些奇怪的愿望。他要让皮球停留在墙壁上。他要把满杯的茶横倒了藏在抽屉里。晚间天上布满了云，他要招月亮出来。雨丝不住地挂下，他要叫雨点快回去。他不明白这些事情实际上办不到的，总以为妈妈，姐姐，哥哥不肯帮他的忙，结果便愤愤地哭了。

　　他逢到小小的失意也就哭，没有一点隐藏。花生米翻落到地上了，自己嚼痛舌头了，小猫不肯吃糕了，都是他哭的原因。有一天，他自己失手，把外婆送给他的泥人跌碎了，他哭得异常悲伤，和旁人死了亲人没有两样。

　　我家靠近铁路轨道，小弟弟看惯了火车的奔跑，听惯了火车的叫喊，火车就成为他崇拜的东西。在我的观察，他以为火车神奇极了。为什么跑得这么快？为什么头上有一只大眼睛？为什么发怒似的叫喊？他崇拜火车，爱慕火车。于是把爸爸的书从书架子上搬下来，挑选那又厚又大的字典做火车头，其他的书做火车身，一个苹果权充火车的大眼睛。安排好了，便直着嗓子叫"呜——"。这当儿，他也满足地笑了。

小弟弟能自己作歌来唱。他同妈妈出去，坐了电车，回家来唱道："呜呜呜呜火车，叮当叮当电车。"他到外婆家去，看见养着的金丝雀逃走了，望着窗外唱道："鸟鸟飞，鸟鸟飞，鸟鸟飞飞。"夏天买了叫哥哥[①]，挂在树枝上，一连几天都没有叫，我们说这叫哥哥不会叫了。小弟弟听了就唱道："叫哥哥，不会叫，挂起来，什么好？"看见木匠来修门了，他又唱道："木匠师父你很好，是我好朋友；做出物事样样好，是我好朋友。"

小弟弟哭着，笑着，唱着，玩着，和我们这班孩子不同，另外有他的思想和情感。我在七八年前，大概也是这么一个孩子吧。从他身上，我看见了自己幼年的影子了。

① 叫哥哥：蝈蝈儿的别称。

小弟弟的三句话

荷花缸里长出四个花骨朵儿。顶大的一个比荷叶还高,尖尖的,饱鼓鼓的,上半截儿显出粉红色。

小弟弟抬头看了看,自言自语地说:"像个桃子。"

他是说那个顶大的花骨朵儿。他拿桃子来比那个顶大的花骨朵儿,比得很好。这句话挺有趣味。

卖冰棍儿的提着宽口的暖瓶在街上跑,嘴里不停地吆喝。妈妈喊住他,说要三支冰棍儿。他就开了暖瓶的盖儿,取出三支冰棍儿来。

小弟弟自言自语地说:"冰棍儿在小冰箱里放着。"

宽口的暖瓶跟平常窄口的暖瓶差不了多少,小弟弟不会不知道那也是个暖瓶。他看它的用处跟家

里的冰箱相仿，就管它叫小冰箱。这句话挺有趣味。

　　妈妈带着小弟弟上合作社买东西。回来以后，妈妈告诉我，小弟弟指着合作社墙上开着的电扇，一本正经地说："这个是飞机。"

　　我们家里没有电扇，小弟弟没见过电扇。他也没仔细看过真的飞机，只看过书上报上飞机的图画和照片。他注意了飞机的螺旋桨。现在看见电扇有螺旋桨，在那里转动，他就断定说"这个是飞机"。这句话挺有趣味。

老 黄

　　老黄是我家的一头老牛。我父亲买它来的时候它还是小牛呢。它在我家长大起来,一年四季替我们做种种的工作;后来它老了,衰弱了。我父亲心爱这个老伙计,说它一生辛苦,再不能拿什么工去麻烦它了。就让它安适地、自由地过它的暮年。

　　老黄惯躺在门前的场① 上。我们一群孩子总欢喜环绕它,抚摸它的面颊,梳它的毛,温和地抱它,取一些草料来喂它,或者采了花朵做成花球,挂在它的角上。它被我们打扮得像一个爱好修饰的老头子,有时似乎也觉得自己的怪模样,可是永远不和我们生气。它总是张大了眼睛,和气地看着我们;

---

① 场(cháng):平坦的空地,多用来翻晒粮食,碾轧谷物

它的眼光中好像有许多话要告诉我们似的。我们问道："什么，老黄？告诉我们。你要什么？"它并不回答我们，总是摇一摇头，呼一口气，没有牙齿的嘴巴又慢慢地咀嚼起来。

我们给它很多的草料。它差不多整天在那里咀嚼。虽然如此，它还是瘦得可怕。它的肚皮瘪了进去，肋骨一条一条数得清；此外肩胛骨、脊椎骨，总而言之，全副骨骼都显露了出来，很像地理模型上连绵不断的山脉。

每天早上，老黄抖去了身上的稻草，从棚里钻出来，跑到河边去喝它的早茶。喝了些水之后，它便慢慢地回来。傍晚时候，人家将要吃晚饭了，它又照样地出去喝水，照样地回来。它做这短距离的散步的时刻这样准，人家竟把它当作时辰钟看了。

在夏季里，我们常常带着老黄和村里的牛羊一同出去放青。那些牛羊全是顽皮、活泼的家伙，喜欢跑到深山里，爬上峭壁，越过突兀的山峰。这种游戏，在老黄是十分为难的。因此它常常落后，直到极晚的时候，才独个儿回来。

我父亲就让它和村里的小牛一同出去，因为小牛是不会跑到深山里去的。它跟着一群小牛出了村庄，忽然转身向后跑，回到它的棚里。我们用尽方法，赶它到小牛的队伍里去，然而无效。第二天，它先是生了一会气，结果跟着走了；但是快到正午的时候，它又独个儿回来了。几天之后，它才渐渐习惯，不再反对和那些不懂事的小家伙作伴。村里人听说有这么一回事，都特地跑出来看老黄跟着一群小牛出去放青。老黄在一大队小牛的旁边走着，正像一个教师领着一群小学生游行，它的眼光时时在照顾它们呢。

老黄忽然病了。它不到草场上来，只是静静地躺在棚里。它的身体一天衰弱一天，抖得可怕，毛都直竖；看它的无力的眼光，可知它十分痛苦。我们替它披上一条毯子，弄东西给它吃；但它并不尝一尝。我们拿水给它；它把鼻头浸到水里，立刻缩了回来，大声地哼着。我们便去请了兽医来，仔细地给它诊察，卷它的尾巴，拉它的耳朵，又翻起它的眼皮来看，最后，拿一些辛辣的黑色药粉放在它的鼻孔边，强迫它吸进去。

老黄躺着受了好几天的苦。这几天里头，它甚至没有力气看一看我们给它的草料和水；身体瘦极了，只剩一堆骨头。后来它能够起来吃一点东西了，可是四条腿完全没有劲，好像站不稳的样子。

一天，春光很好。桃树上满开着花朵。前一天晚上刚下过雨，空气很清新。天空没有一片的云。太阳光爬上那些山头，有说不出的美丽。

老黄好像比往日爽健些，快活些。我们非常高兴，特地采了各色的花，做一个大花圈，挂在它的角上。我们都抚摸它；它眨着眼睛，表示很乐意接受我们的好意。

它起身了，很用力地移动脚步，走出门去；仍旧是往常的那副姿态，不过更瘦些，更衰弱些罢了。我们想止住它，但是我母亲说让它去散散步也是好的，所以我们只跟在它的后面。

老黄一直向河边走去。村里人好久不见它了，都站住了欢呼道："你又出来了，老黄！"

它到了河边，喝了些水，又站了一会，破例地不回家来，却走到近旁的田边。那里轻风拂着长成的小麦，麦浪下面藏着无数的斑鸠，上面呢，有千百只小蝴蝶结队飞舞。老黄站在田边，静静地看着，好像对一个熟人；还啃去了地上的几茎青草。忽然它站不稳了，全身摇荡，叫了一声，便跌倒了。我们都怕得喊起来，飞奔回去报信。

　　我们跟着父亲再到田边去看的时候，老黄已经死了，它的头枕着那大花圈，眼睛睁得大大地望着我们。

看 月

　　住在上海"弄（lòng）堂房子"里的人对于月亮的圆缺隐现是不甚关心的。所谓"天井"，不到一丈见方的面积。至少十六支光的电灯每间里总得挂一盏。环境限定，不容你有关心到月亮的便利。走到路上，还没"断黑"已经一连串地亮了街灯。有月亮吧，就像多了一盏灯。没有月亮吧，犹如一盏街灯损坏了，没有亮起来。谁留意这些呢？

　　去年夏天，我曾经说过不大听到蝉声，现在说起月亮，我又觉得许久不看见月亮了。只记得某夜夜半醒来，对窗的收音机已经沉寂，隔壁的"麻将"也歇了手，各家的电灯都已熄灭，一道象牙色的光从南窗透进来，把窗棂（líng）印在我的被袱（fú）上。我略微感到惊异，随即想到原来是月亮光。好奇地要看看月亮本身，我向窗外望。但是，一会儿月亮被云遮没了。

从北平来的人往往说在上海这地方怎么"呆"得住。一切都这样紧张。空气是这样龌（wò）龊（chuò）。走出去很难得看见树木。诸如此类，他们可以举出一大堆。我想，月亮仿佛失掉了这一项，也该列入他们认为上海"呆"不住的理由吧。假若如此，我倒并不同意。在生活的诸般条件里列入必须看月亮一项，那是没有理由的。清旷的襟怀和高远的想象力未必定须由对月而养成。把仰望的双眼移到地面，同样可以收到修养上的效益，而且更见切实。可是我并非反对看月亮，只是说即使不看也没有什么关系罢了。

最好的月色我也曾看过。那时在福州的乡下，地当闽江一折的那个角上。某夜，靠着楼栏直望。闽江正在上潮，受着月光，成为水银的洪流。江岸诸山略微笼罩着雾气，好像不是平日看惯的那几座山了。月亮高高停在天空，非常舒泰的样子。从江岸直到我的楼下是一大片沙坪，月光照着，茫然一白，但带点儿青的意味。不知什么地方送来晚香玉的香气。也许是月亮的香气吧,我这么想。我心中不起一切杂念,大约历一刻钟之久,才回转身来。看见蛎粉墙上印着我的身影,我于是重又意识到了我。

那样的月色如果能得再看几回,自然是愉悦的事,虽然前面我说过"即使不看也没有什么关系"。

没有秋虫的地方

阶前看不见一茎绿草，窗外望不见一只蝴蝶，谁说是鹁（bó）鸽箱里的生活，鹁鸽未必这样枯燥无味呢。

秋天来了，记忆就轻轻提示道："凄凄切切的秋虫又要响起来了。"可是一点影响也没有，邻舍儿啼人闹弦歌杂作的深夜，街上轮震石响邪许并起的清晨，无论你靠着枕头听，凭着窗沿听，甚至贴着墙角听，总听不到一丝秋虫的声息。并不是被那些欢乐的劳困的宏大的清亮的声音淹没了，以致听不出来，乃是这里根本没有秋虫。啊，不容留秋虫的地方！秋虫所不屑居留的地方！

若是在鄙野的乡间，这时候满耳朵是虫声了。白天与夜间一样地安闲；一切人物或动或静，都有自得之趣；嫩暖的阳光和轻淡的云影覆盖在场上，到夜呢，明耀的星月和轻微的凉风看守着整夜，在这境界这时间里唯一足以感动心情的就是秋虫的合奏。它们高低宏细疾徐作歇，仿佛经过乐师的精心训练，所以这样地无可批评，踌（chóu）躇（chú）满志。其实它们每一个都是神妙的乐师；众妙毕集，各抒灵趣，哪有不成人间绝响的呢。

虽然这些虫声会引起劳人的感叹，秋士的伤怀，独客的微喟（kuì），思妇的低泣；但是这正是无上的美的境界，绝好的自然诗篇，不独是旁人最喜欢吟味的，就是当境者也感受一种酸酸的麻麻的味道，这种味道在另一方面是非常隽永的。

大概我们所祈求的不在于某种味道，只要时时有点儿味道尝尝，就自诩为生活不空虚了。假若这味道是甜美的，我们固然含着笑来体味它；若是酸苦的，我们也要皱着眉头来辨尝它：这总比淡漠无味胜过百倍。我们以为最难堪而亟（jí）欲逃避的，唯有这个淡漠无味！

所以心如槁木不如工愁多感，迷蒙的醒不如热烈的梦，一口苦水胜于一盏白汤，一场痛哭胜于哀

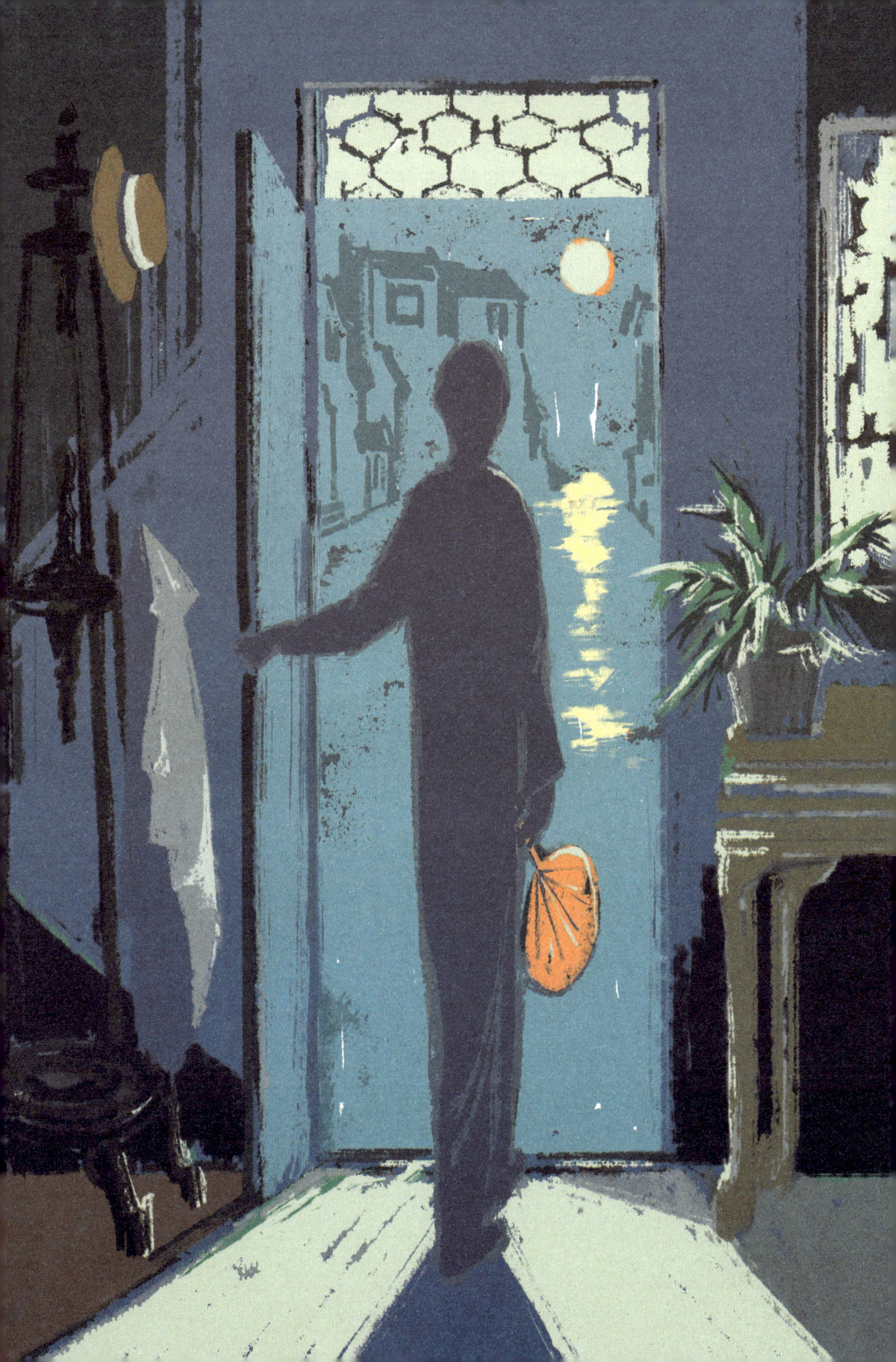

乐两忘。这里并不是说愉快乐观是要不得的，清健的醒是不必求的，甜汤是罪恶的，狂笑是魔道的；这里只是说有味远胜于淡漠罢了。

所以虫声终于是足系恋念的东西。何况劳人秋士独客思妇以外还有无量数的人。他们当然也是酷嗜趣味的，当这凉意微逗的时候，谁能不忆起那美妙的秋之音乐？

可是没有，绝对没有！井底似的庭院，铅色的水门汀地，秋虫早已避去唯恐不速了。而我们没有它们的翅膀与大腿，不能飞又不能跳，还是死守在这里。想到"井底"与"铅色"，觉得象征的意味丰富极了。

聪明的野牛

在很远很远的树林子里，住着一群野牛。他们随意吃草，随意玩，来来往往总是成群结队的，非常快乐。

一天，他们正在树林里的草地上散步，忽然一个穿绿衣裳的邮差来了，给他们送来一封信。接信的那条牛看了看信封，高兴地喊："咱们住在城市里的同族给咱们寄信来了！"

旁的牛听见了，立刻凑过来，都很高兴地喊："快拆开来看！"

接信的那条牛把信拆了，用粗大的声音念起来：

咱们虽然没见过面，可是从祖先传下来，知道很远很远的地方住着我们的同族，就是你们。我们常常想念你们，常常希望有一天彼此聚在一块儿。你们想，长胡子的羊，大肚子的猪，并不是我们的同族，我们还挺愿意跟他们一块儿游逛，一块儿出来进去，何况你们是我们的同族呢。

　　我们这里挺好。住得舒服，是瓦盖的房子。吃的也好，是鲜嫩的青草。我们希望你们到这里来，咱们共同享受这些东西。你们住在树林子里，碰到下雨就糟了。你们那里恐怕只有些细小的茅草，这怎么吃得饱呢！来吧，来跟我们共同享受这些好东西吧。

　　现在什么事情都方便了，你们千万别嫌远，坐火车来，只要三天工夫就到了。你们没坐过火车吧？挺舒服的，车厢有木板围着，两块木板中间有一道缝，又透气，又可以看看外边的景致。你们应当见识见识。一准坐火车来吧。

　　我们在这里预备欢迎你们。

　　　　　　住在城市里的你们的同族。

野牛听了信里的话，都觉得很快活，没想到那么远的同族，居然在远远的地方欢迎他们去共同享受好东西。可是问题来了：马上全体同去呢，还是不马上去，过几天再说？

一条野牛说："去去也可以。不过咱们没坐过火车，不知道那玩意儿容易坐不容易坐。你们没听信上说吗？虽说很方便，也差不多要三天工夫呢。"

又一条野牛说："他们说什么瓦盖的房子，不知道咱们住得惯住不惯。照我想，盖得看不见天，看不见四周围，住在里边总该有点儿气闷。"

第三条野牛说："他们说吃的是鲜嫩的青草，我怕吃不饱。咱们得吃又老又结实的草，这才有嚼头。"他说完，低头咬了一口草，很有味地嚼着。

第四条野牛说："总不该辜负他们的好意，咱们得想个妥善的办法。"

一条聪明的野牛仰起头，摇摇尾巴说："他们欢迎咱们去，咱们也愿意去。咱们怕的，只在去的时候不方便，到了那边住不惯。据我的意见，咱们不妨推举一位先去看看情形，顺便谢谢他们的好意。

要是那边确是好，然后全体去。"

"这意思很好！"全体野牛一齐喊，同时都摇摇尾巴，表示赞成。

一条野牛说："我们就推举你去，你最聪明。"

"赞成！赞成！"大家又都摇摇尾巴。

那聪明的野牛立刻动身，代表全体野牛，到城市里去看望同族，参观他们的生活情形。

聪明的野牛到了城市，就从火车上下来。他觉得坐火车倒也有趣，树木都往后边跑，平地老是在那里旋转，这过去都没见过。只是那车厢太拘束了，这边也是乘客，那边也是乘客，身子连动都不能动。要是住在城市里常常要坐这个东西，就太不舒服了。

他想着，一面往四外张望。那边一大群牛瞧见他了，立刻都跑过来喊："欢迎！欢迎！"接着，都围住他，跟他摩脸为礼，然后拥着他回到他们的家。

到家以后，他们领着他看房子，请他吃槽里的草。并且说，这些全是人给预备的，不用他们自己费心。要是不高兴出去，成年住在这里也没什么忧愁。

野牛觉得不明白，他就问："人为什么要给你们预备房子和草呢？"

"那没有别的，他们跟我们有交情，所以给我们预备这些东西。"

"事情没这么简单吧？我要仔细看看，才会明白。"

"你看吧，"城市里的牛一齐笑起来，"你在这里住几天，就知道我们的生活多舒服，人待我们多好了。"

野牛住了几天，觉得这屋子很憋气，完全没有树林里的那种清风。草虽然是嫩的，可是不像野地的草那么有嚼头，有味道。这些都不关紧要，他想弄明白的是人跟他们的交情到底怎么样。

他跟着他们出去玩一会儿，这就让他看出来了。回到家里，他亲切地劝告他们说："你们弄错了，我看人跟你们并没什么交情。不然，为什么要拿鞭子打你们呢？"

"这有道理。这因为我们走错了路，不朝这里走，他一时招呼不过来，所以用鞭子指点我们。这不能算用鞭子打。"

野牛提醒他们说："你们真是让什么给弄迷糊了，还有可怕的事情等着你们呢。这个人实在是个屠夫！我刚才靠近他，闻到他满身的血腥气，正是咱们同族的血腥气。他为什么要盖房子给你们住，预备草料给你们吃，你们还想不明白吗？"

城市里的牛有点儿怕起来了，你看看我，我看看你，半信半疑地说："不见得吧？"

野牛说："不见得？还说不见得！等他把你们捆起来，拿出刀来的时候，你们后悔就来不及了。"

"那怎么办呢？"有几条牛垂头丧气地说。

野牛说："你们听我的话，大家离开这里就是了。"

"离开这里？哪里去住，哪里去吃呢？"

野牛说："世界上地方多得很。你们只要拔起腿来跑，什么地方不能去！你们一定要住房子吗？树林里的生活才痛快呢。你们一定要吃槽里的草吗？到处跑，到处吃地上的草，味道比这好得多。你们不要以为只有在这里才能生活，世界上都是咱们生活的地方。我们野牛就因为明白了这一层，所以从来没遇见什么危险。你们是永远住在危险里头，赶快看清楚一点儿吧！"

一条母牛说："你叫我们离开这里，这怎么成呢？我们跑，人就要追。我们不回来，他手里有鞭子。"

野牛笑了，说："你们没试过，怎么知道不成呢？你们往四面跑，他去追哪一个好？等他不追了，你们还是可以聚集在一块儿。"

"我们为了自己的生命，只好试一下了。但是，离开这里去过流浪生活，不知道到底怎么样，想想也有点儿害怕。"

第二天，城市里的牛在一个空场上散步，野牛也在里头。

人的屋子里有清脆的磨刀声音。

野牛警告他们说："听见了吗？时候到了，不能再等了！"

城市里的牛都禁不住打哆嗦，你看看我，我看看你，说不出话来。

野牛英勇地喊："要生活的，就该拿出勇气来！你们忘了吗？拔起腿来跑！往四面跑！"

他这声音好像给大家灌注了一股勇气，大家立刻胆壮了，拔起腿来就往四面跑。他们跑了一会儿，久住的房子和常到的空场都撇在后头了。

看牛的人想不到有这么一回事，马上放下手里的刀，跑出来追。但是追哪一条好呢？他正在发愣，场里空了，一条牛也没有了。

许多牛从好几条路聚集在一块儿，大家说："离开老地方，原来也没什么困难。"

野牛说："跟我回去，尝尝我们野地生活的味道吧。"

他们就到野牛的树林子里，安适地活下去。

一粒种子

　　世界上有一粒种子，像核桃那样大，绿色的外皮非常可爱。凡是看见它的人，没一个不喜欢它。听说，要是把它种在土里，就能够钻出碧玉一般的芽来。开的花呢，当然更美丽，不论是玫瑰花、牡丹花、菊花，都比不上它。并且有浓厚的香气，不论是芝兰、桂花、玉簪，都比不上它。可是从来没人种过它，自然也就没人见过它的美丽的花，闻过它的花的香气。

　　国王听说有这样一粒种子，欢喜得只是笑。白花花的胡子，密得像树林，盖住他的嘴，现在树林里露出一个洞——因为嘴笑得合不上了。他说："我的园里，什么花都有了。北方冰雪底下开的小白花，我派专使去移了来。南方热带，像盘子那样大的莲花也有人送来进贡。但是，这些都是世界上平常的花，我弄得到，人家也弄得到，又有什么稀奇？现在好了，有这样一粒种子，只有一粒。等它钻出芽来，开出花来，世界上就没有第二棵。这才显得我最尊贵，最有权力。哈！哈！哈！……"

国王就叫人把这粒种子取来，种在一个白玉盆里。土是御花园里的，筛了又筛，总怕它还不够细。浇的水是用金缸盛着的，滤了又滤，总怕它还不够干净。每天早晨，国王亲自把这个盆从暖房里搬出来，摆在殿前的丹陛上，晚上还是亲自搬回去。天气一冷，暖房里还要生上火炉，热烘烘的。

国王睡里梦里，也想看盆里钻出碧玉一般的芽来，醒着的时候更不必说了，老坐在盆旁边等着。但是哪里有碧玉一般的芽呢？只有一个白玉的盆，盛着灰黑的泥。

时间像逃跑一般过去，转眼就是两年。春天，草发芽的时候，国王在盆旁边祝福说："草都发芽了，你也跟着来吧！"秋天，许多种子发芽的时候，国王又在盆旁边祝福说："第二批芽又出来了，你该跟着来了！"但是一点儿效果也没有。于是国王生气了,他说:"这是死的种子,又臭又难看,我要它干么!"他就把种子从泥里挖出来,还是从前的样子,像核桃那样大,皮绿油油的。他越看越生气,就使劲往池子里一扔。

种子从国王的池里,跟着流水,流到乡间的小河里。渔夫在河里打鱼,一扯网,把种子捞上来。他觉得这是个稀奇的种子,就高声叫卖。

富翁听见了,欢喜得直笑,眼睛眯到一块儿,胖胖的脸活像个打足了气的皮球。他说:"我的屋里,什么贵重的东西都有了。鸡子那么大的金刚钻,核桃那么大的珍珠,都出大价钱弄到手。可是,这又算什么呢!有的不只我一个人,并且,张口金银珠宝,闭口金银珠宝,也真有点儿俗气。现在呢,有这么一粒种子——只有一粒!这要开出花来,不但可以显出我高雅,并且可以把世界上的富翁都盖过去。哈!哈!哈!……"

富翁就到渔夫那里把种子买来,种在一个白金缸里。他特意雇了四个有名的花匠,专门经管这一粒种子。这四个花匠是由三百多人里用考试的办法选出来的。考试的题目特别难,一切种植名花的秘

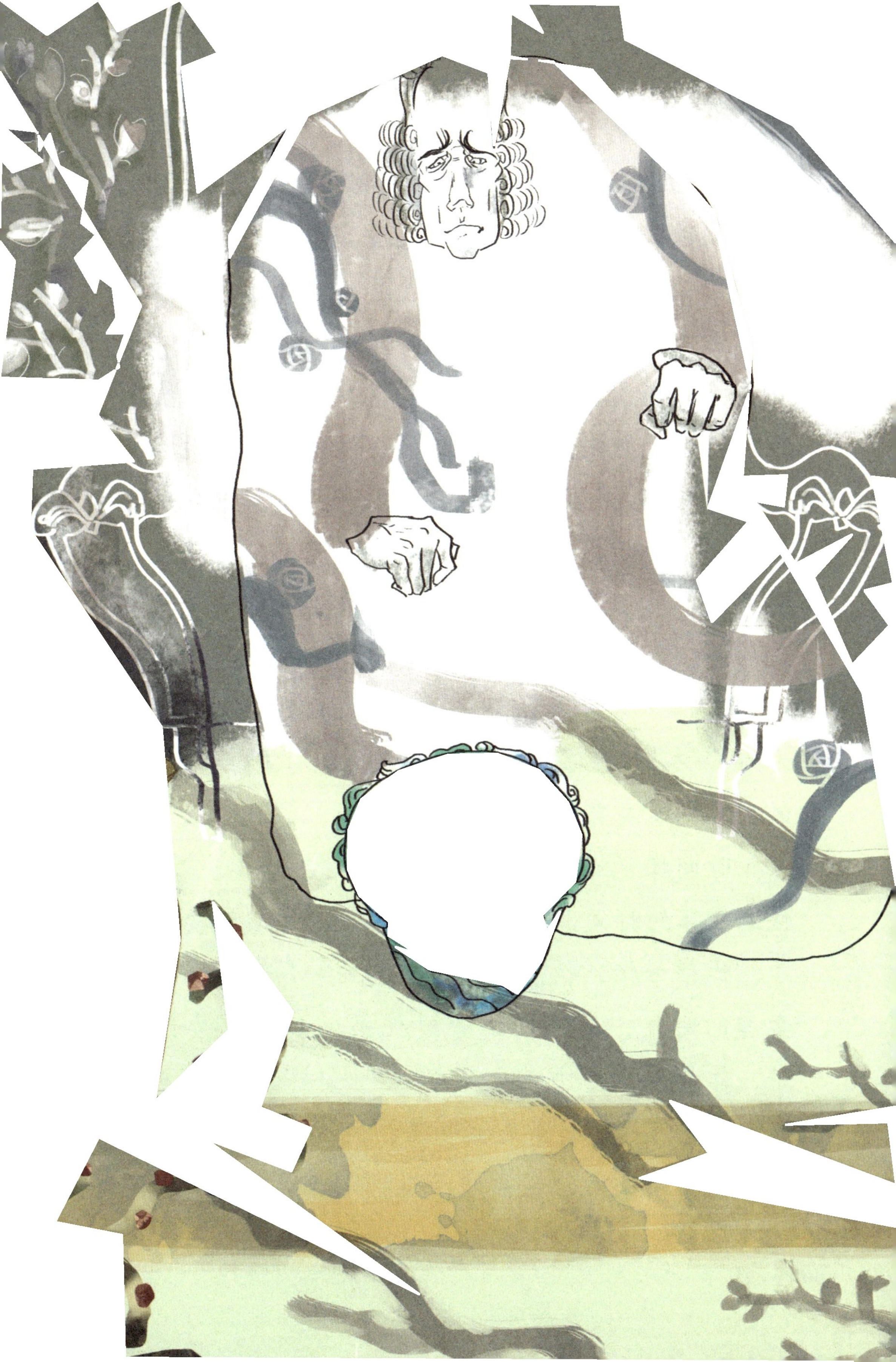

诀，都问到了，他们都答得头头是道。考取以后，给他们很高的工钱，另外还有安家费，为的是让他们能安心工作。这四个人确是尽心尽力，轮班在白金缸旁边看着，一分一秒也不断人。他们把本领都用出来，用上好的土，上好的肥料，按时候浇水，按时候晒，总之，凡是他们能做的他们都做了。

富翁想："这么样看护这粒种子，发芽开花一定加倍快。到开花的时候，我就大请客。那些跟我差不多的富翁都请到，让他们看看我这天地间没第二份的美丽的奇花，让他们佩服我最阔气，最优越。"他这么想，越想越着急，过一会儿就到白金缸旁边看看。但是哪里有碧玉一般的芽呢？只有一个白金的缸，盛着灰黑的泥。

时间像逃跑一般过去，转眼又是两年。春天，快到宴客的时候，他在缸旁边祝福说："我就要请客了，你帮帮忙，快点儿发芽开花吧！"秋天，快到宴客的时候，他又在缸旁边祝福说："我又要请客了，你帮帮忙，快点儿发芽开花吧！"但是一点儿效果也没有。于是富翁生气了，他说："这是死的种子，又臭又难看，我要它干么！"他就把种子从泥里挖出来，还是从前的样子，像核桃那样大，皮绿油油的。他越看越生气，就使劲往墙外边一扔。

种子跳过墙，掉在一个商店门口。商人拾起来，高兴极了，他说："稀奇的种子掉在我的门口，这一定是要发财了。"他就把种子种在商店旁边。他盼着种子快发芽开花，每天开店的时候去看一回，收店的时候还要去看一回。一年很快过去了，并没看见碧玉一般的芽钻出来。商人生气了，说："我真是傻子，以为是什么稀奇的种子！原来是死的，又臭又难看。现在明白了，不为它这个坏东西耗费精神了。"他就把种子挖出来，往街上一扔。

种子在街上躺了半天，让清道夫跟脏土一块儿扫在秽土车里，倒在军营旁边。一个兵士拾起来，很高兴地说："稀奇的种子让我拾着了，一定是要升官。"他就把种子种在军营旁边。他盼着种子快发芽开花，下操的时候就蹲在旁边看着，怀里抱着短枪。别的兵士问他蹲在那里干什么，他瞒着不说。

一年多过去了，还没见碧玉一般的芽钻出来。兵士生气了，他说："我真是傻子，以为是什么稀奇的种子！原来是死的，又臭又难看。现在明白了，不为它这个坏东西耗费精神了。"他就把种子挖出来,用全身的力气,往很远的地方一扔。

种子飞起来,像坐了飞机。飞呀,飞呀,飞呀,最后掉下来,正是一片碧绿的麦田。

麦田里有个年轻的农夫,皮肤晒得像酱的颜色,红里透黑,胳膊上的筋肉一块块地凸起来,像雕刻的大力士。他手里拿着一把曲颈锄,正在松动田地里的土。他锄一会儿,抬起头来四外看看,由嘴边透出和平的微笑。

他看见种子掉下来,说:"吓,真是一粒可爱的种子!种上它。"就用锄刨了一个坑,把种子埋在里边。

他照常工作,该耕就耕,该锄就锄,该浇就浇——自然,种那粒种子的地方也一样,耕,锄,浇,样样都做到了。

没几天,在埋那粒种子的地方,碧绿的像小指那样粗的嫩芽钻出来了。又过几天,拔干,抽枝,一棵活像碧玉雕成的小树站在田地里了。梢上很快长了花苞,起初只有核桃那样大,长啊,长啊,像橘子了,像苹果了,像柚子了,终于长到西瓜那样大，开了。瓣是红的，数不清有多少层，蕊是金黄的，数不清有多少根。由花瓣上，由花蕊里，一种新奇的浓厚的香味放出来，不管是谁，走近了，沾在身上，就永远不散。

年轻的农夫还是照常工作，在田地里来来往往。从这棵稀奇的花旁边走过的时候，他稍微站一会儿，看看花，看看叶，由嘴边透出和平的微笑。

乡村的人都来看这稀奇的花。回去的时候，脸上都挂着和平的微笑，都沾了满身的香味。

富　翁

　　有一处地方，孩子还睡在摇篮里，长辈就要教训他们说："孩子，你们要克勤克俭过日子，专心一意想法子弄到钱。钱越多越好，装满你的钱袋，装满你的箱子，装满你的仓库，你就成为富翁了。世界上最尊贵的是富翁，他们有一切的权力。世界上最舒泰的也是富翁，他们什么事都不必做，需要什么，花钱去买就是了。孩子，你开头要勤俭，待你成了富翁，你就有福了！"凡是拿这一番话来教训孩子的，大家一致称赞，说是好长辈。

　　孩子们从开始啼哭开始吃奶的时候起就接受这样的教训，所以他们都信奉这样的教训，遵照教训实行非常坚决，也非常顺当，就跟饿了一定要吃饭渴了一定要喝水一个样儿。所以在那个地方，富翁就非常之多。那些富翁回想起长辈的教训，觉得实在有道理，眼前的事实证明，一切权力都掌握在他们手里了：他们要又高又大的房子，自然有人来给他们造；他们想到哪儿去，自然有人抬着轿子拉着车子把他们送去。他们什么事都不用做，只要花几个钱，想吃什么就吃什么，想穿什么就穿什么，想怎样玩儿就怎样玩儿。他们尊贵到极点，舒泰到极点，一天到晚嘻嘻哈哈，过着幸福的生活。他们聚集在一起，互相称作同伴。他们笑脸对着笑脸，笑口对着笑口，今天跳舞，明天聚餐，快乐得似痴如醉，时常齐声高唱快乐的歌：

　　哈哈哈，咱们都有钱！
　　哈哈哈，快活如神仙！
　　有钱什么不用干，
　　逍遥自在多清闲。
　　有钱什么都能买，
　　极乐世界在眼前。
　　咱们是富翁，咱们都有钱！
　　哈哈哈，咱们快活如神仙！

富翁什么事儿也不用干，他们要吃什么穿什么用什么，只要拿出钱去就成。生产那一切东西，自然都由还没有成为富翁的人担任。那些还没有成为富翁的人整天辛辛苦苦工作，他们望着富翁，羡慕得不得了。他们想，"富翁的确尊贵，的确舒泰，我还得加倍努力，尽快赶上他们的地位！"他们躺在摇篮里的时候，长辈就是这样教训他们的。所以他们认为，富翁过的就是好日子，只有成了富翁，他们才能过上好日子。

有一天，一个石匠为了给富翁造房子，到山里去开石头，忽然发现了一个非常之大的宝库，有几百亩宽，几百丈深，全是黄澄澄的金子。他快活极了，心想这样的好运道竟让他给碰上了，谁能料到成为富翁就在今天！他赶紧跑回去，召唤全家老幼，力气大的挑箩筐，力气小的提篮子，一同到山里去采掘金子。从清早直忙到天黑，全家老小都累坏了，算一算挖到的金子，已经超过了最富的富翁。石匠心里想："现在我是最富的富翁了。尊贵的舒泰的生活，从明天就要开始。明天我就不用做工了，好不快活！"

第二天，石匠不再去采掘金子，因为他已经成了第一富翁了。消息传到别人的耳朵里，谁不知道这是成为富翁的最便当的方法。于是大家都放下自己的工作，全都扶老携幼到山里去采掘金子。大家顾不得疲乏，直到挖到的金子超过了第一富翁才肯停手。大家都藏足了金子，都自以为是"第一富翁"，可是矿里的金子还只减少了十分之二三。

才几天工夫，那个地方的人都成了富翁。富翁照例用不着做工，这是何等幸福呀！可是从来没有见过的奇怪的事儿发生了。那些新成为富翁的人想：自己既然成了富翁，不可不买几身华丽的衣服，把自己打扮成富翁的样子。他们就带着满口袋的金子去服装铺买衣服。那些衣服是多么讲究呀，从前只能站在玻璃窗外边向里面看一两眼，如今可要迈着大步踱进去，随心所欲地挑选几身中意的绸袍缎褂，好不威风。他们越想越得意，谁知道走到服装铺门口，服装铺歇业了，不再出卖衣服了。原来服装铺的老板也挖到了不少金子，新近成了富翁。他一家老小都穿上了本来预备出卖的华丽衣服，正打算唤来一班轿夫，全家人坐了轿子，去剧场看戏呢。

成了富翁，买不着富翁穿的衣服，大家心里都很失望；一连走了几家服装铺，情形都一样，老板都成了富翁，不愿意再做生意了。富翁们想，服装铺全歇业了，买现成衣服是没有希望了，不如到纺织厂去，剪些称心如意的好料子，让裁缝连夜给做。他们就一同奔向纺织厂。谁知道纺织厂门前静悄悄的，看门的人不知道哪里去了，往日轰隆轰隆的机器声也听不见了。高大的烟囱，向来一口一口地喷出浓烟，把天空都染黑了；现在却可以望见明净的天空，烟囱口上还歇着无数麻雀。他们买不着料子，只好去找裁缝商量，请他帮忙想办法，只要弄得到华丽的衣服，不论要多少金子，他们都愿意出。裁缝笑着说："我跟你们一样，正想弄几身新衣服穿呢。至于金子，谁还稀罕它！我也成了富翁了，我的钱袋里箱子里仓库里，金子都装得满满的了。"

到这个时候他们才相信，华丽的衣服是穿不成了。成了富翁，不能打扮得像个富翁，心里当然不痛快。可是满钱袋满箱子满仓库都是黄澄澄的金子，看着也可爱，他们都安慰自己说："新衣服虽然穿不成，可是咱们有这么多金子，究竟都成为富翁了。"

他们完全没有料到，更加严重的恐慌跟着来到，使所有的富翁不但再也笑不出来，连哭也没有力气哭了。他们家里积蓄的粮食不久就吃完了，照过去的惯例，只要带着一口袋钱到粮食店去买就是了。谁知道竟然有这样意想不到的事儿，粮食店的老板正带着金子，也要到别处去购买粮食，因为他家的粮食也吃完了。大家说："咱们一块儿走吧。"可是走了好几家粮食店，情形都一样。结伴同行的越来越多，他们带着很重的金子，走到东又走到西，大家喘着气，浑身冒汗，衣服湿透了，还没找到一家开业的粮食店。

忽然有个富翁说："只有去找农夫！"大家听了好像大梦初醒，齐声喊起来："是呀，去找农夫！粮食是农夫种出来的，咱们去找农夫，才真正找到了根本上，一定可以买到粮食了。咱们去吧！咱们快去吧！"大家喊着，两条腿都使劲奔跑，因为他们都相信，找到了农夫，粮食就到手了。

他们跑到乡间，找着了农夫，就对他说："好农夫，我们要买粮食。不论多少金子，我们都愿意给，只要你说出个数目来。"

农夫笑了笑，摇摇头说："我跟你们一样，正要找农夫买粮食呢。我如今不是农夫了，不种粮食了。我也是富翁，我有的是金子！"

农夫说完，就跟着大家一同走。要买粮食的人越聚越多，他们来来回回好几趟，仔仔细细地找，即使一支绣花针也该找到了，却找不到一个出卖粮食的农夫。

大家相信粮食是没有希望的了，不如去找点儿杂粮吧，肚子饿可不是耍的。他们就四散地向田间奔去。在田亩间，直立的是玉蜀黍秆，贴着地面蔓生的是甘薯，栽种得没有一点儿空隙。可是农夫都成了富翁，他们有的是金子，都预备过尊贵的舒泰的生活，已经有好些天没去浇水锄草除虫了，那些杂粮枯的枯，烂的烂，蛀的蛀，再也找不到一点儿新鲜的可以充饥的东西了。大家这才真的着急了，泪珠像雨一般地往下掉。然而摸着口袋里又硬又凉又光滑的金子，他们忍住眼泪，勉强笑了笑，互相安慰说："虽然找不到粮食，虽然肚子饿得难受，但是咱们有的是金子，咱们到底都成了富翁了。"

所有的富翁都饿得不成样子了。他们头枕着装满金子的口袋，手里拿着小块的金子想送进嘴里去啃，可是他们全身一点劲儿也没有，再也不能动弹了。他们的喉咙里却还能发出又轻又细的蚊子般的声音，他们还在念诵自幼听惯的长辈的教训："待你成了富翁，你就有福了！"

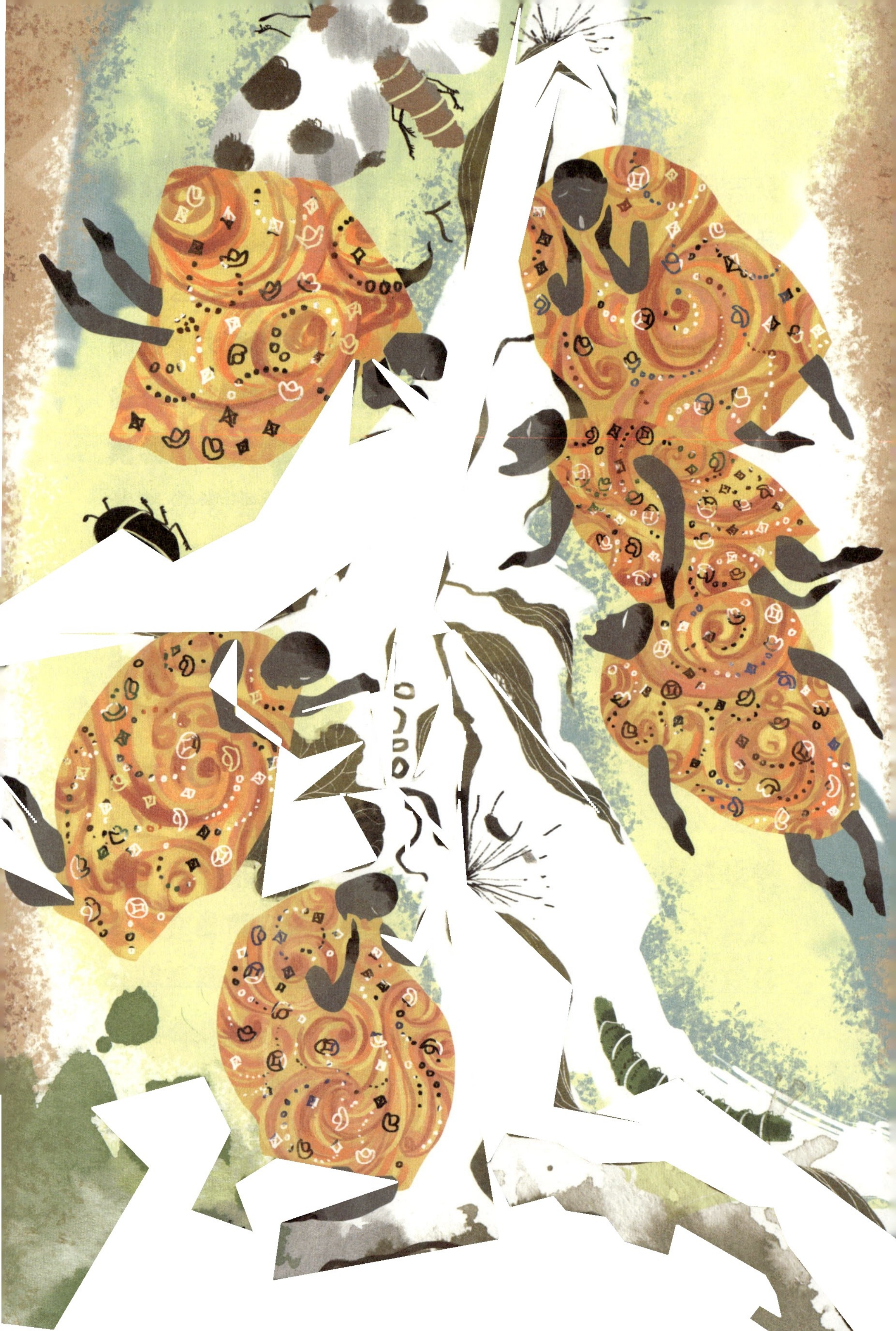

画　眉

　　一个黄金的鸟笼里，养着一只画眉。明亮的阳光照在笼栏上，放出耀眼的光辉，赛过国王的宫殿。盛水的罐儿是碧玉做的，把里边的清水照得像雨后的荷塘。鸟食罐儿是玛瑙做的，颜色跟粟子一模一样。还有架在笼里的三根横棍，预备画眉站在上面的，是象牙做的。盖在顶上的笼罩，预备晚上罩在笼子外边的，是最细的丝织成的缎子做的。

　　那画眉，全身的羽毛油光光的，一根不缺，也没一根不顺溜。这是因为它吃得讲究，每天还要洗两回澡。它舒服极了，每逢吃饱了，洗干净了，就在笼子里跳来跳去。跳累了，就站在象牙的横棍上歇一会儿，或者这一根，或者那一根。这时候，它用嘴刷刷这根羽毛，刷刷那根羽毛，接着，抖一抖身子，拍一拍翅膀，很灵敏地四外看一看，就又跳来跳去了。

它叫的声音温柔，宛转，花样多，能让听的人听得出了神，像喝酒喝到半醉的样子。养它的是个阔公子哥儿，爱它简直爱得要命。它喝的水，哥儿要亲自到山泉那儿去取，并且要过滤。吃的粟子，哥儿要亲手拣，粒粒要肥要圆，并且要用水洗过。哥儿为什么要这样费心呢？为什么要给画眉预备这样华丽的笼子呢？因为哥儿爱听画眉唱歌，只要画眉一唱，哥儿就快活得没法说。

说到画眉呢，它也知道哥儿待它好，最爱听它唱歌，它就接连不断地唱歌给哥儿听，哪怕唱累了，还是唱。它不明白张开嘴叫几声有什么好听，猜不透哥儿是什么心。可是它知道，哥儿确是最爱听它唱，那就为哥儿唱吧。哥儿又常跟同伴的姊妹兄弟们说："我的画眉好极了，唱得太好听，你们来听听。"姊妹兄弟们来了，围着看，围着听，都很高兴，都说了很多赞美的话。画眉想："我实在觉不出来自己的叫声有什么好听，为什么他们也一样地爱听呢？"但是这些人是哥儿约来的，应酬不好，哥儿就要伤心，那就为哥儿唱吧。

日子一天天过去，它的生活总是照常，样样都很好。它接连不断地唱，为哥儿，为哥儿的姊妹兄弟们，不过始终不明白自己唱的有什么意义，有什么趣味。

画眉很纳闷，总想找个机会弄明白。有一天，哥儿给它加食添水，忘记关笼门，就走开了。画眉走到笼门，往外望一望，一跳，就跳到外边，又一飞，就飞到屋顶上。它四外看看，新奇，美丽。深蓝的天空，飘着小白帆似的云。葱绿的柳梢摇摇摆摆，不知谁家的院里，杏花开得像一团火。往远处看，山腰围着淡淡的烟，好像一个刚醒的人，还在睡眼蒙眬。它越看越高兴，由这边跳到那边，又由那边跳到这边，然后站住，又看了老半天。

它的心飘起来了，忘了鸟笼，也忘了以前的生活，一兴奋，就飞起来，开始它也不知道是往哪里的远方飞。它飞过绿的草原，飞过满盖黄沙的旷野，飞过波浪拍天的长江，飞过浊流滚滚的黄河，才想休息一会儿。它收拢翅膀，往下落，正好落在一个大城市的城楼上。下边是街市，行人，车马，拥拥挤挤，看得十分清楚。

稀奇的景象由远处过来了。街道上，一个人半躺在一个左右有两个轮子的木槽子里，另一个人在前边拉着飞跑。还不只一个，这一个刚过去，后边又过来一长串。画眉想："那些半躺在木槽子里的人大概没有腿吧？要不，为什么一定要旁人拉着才能走呢？"它就仔细看半躺在上边的人，原来下半身蒙着很精致的花毛毯，就在毛毯下边，露出擦得放光的最时兴的黑皮鞋。"那么，可见也是有腿了。为什么要别人拉着走呢？这样，一百个人里不就有五十个是废物了吗？"它越想越不明白。

"或者那些拉着别人跑的人以为这件事很有意思吧？"可是细看看又不对。那些人脸涨得通红，汗直往下滴，背上热气腾腾的，像刚揭开盖的蒸笼。身子斜向前，迈着大步，像正在逃命的鸵鸟，这只脚还没完全着地，那只脚早扔了出去。"为什么这样急呢？这是到哪里去呢？"画眉想不明白。这时候，它看见半躺在上边的人用手往左一指，前边跑的人就立刻一顿，接着身子一扭，轮子，槽子，连上边半躺着的人，就一齐往左一转，又一直往前跑。

它明白了,"原来飞跑的人是为别人跑。难怪他们没有笑容,也不唱赞美跑的歌,因为他们并不觉得跑是有意义有趣味的。"

它很烦闷,想起一个人当了别人的两条腿,心里不痛快,就很感慨地唱起来。它用歌声可怜那些不幸的人,可怜他们的劳力只为了一个别人,他们做的事没有一些儿意义,没有一些儿趣味。

它不忍再看那些不幸的人,想换个地方歌一会儿,一飞就飞到一座楼房的绿漆栏杆上。栏杆对面是一个大房间,隔着窗户往里看,许多阔气的人正围着桌子吃饭。桌上铺的布白得像雪。刀子,叉子,玻璃酒杯,大大小小的花瓷盘子,都放出晃眼的光。中间是一个大花瓶,里边插着各种颜色的鲜花。围着桌子的人呢,个个红光满面,眼眯着,正在品评酒的滋味。楼下传来声音。它赶紧往楼下看,情形完全变了;一条长木板上,刀旁边,一条没头没尾的鱼,一小堆切成丝的肉,几只去了壳的大虾,还有一些切得七零八碎的鸡鸭。木板旁边,水缸,脏水桶,盘、碗、碟、匙,各种瓶子,煤,劈柴,堆得乱七八糟,遍地都是。屋里有几个人,上身光着,满身油腻，正在弥漫的油烟和蒸气里忙忙碌碌。一个人脸冲着火，用锅炒什么。油一下锅，锅边上就冒起一团火，把他的脸和胳膊烤得通红。菜炒好了，倒在花瓷盘子里，一个穿白衣服的人接过去，上楼去了。不一会儿，就由楼上传出欢笑的声音，刀子和叉子的光又在桌面上闪晃起来。

画眉就想："楼下那些人大概是有病吧？要不，为什么一天到晚在火旁边烤着呢。他们站在那里忙忙碌碌，是因为觉得很有意义很有趣味吗？"可是细看看，都不大对。"要是受了寒，为什么不到家里蒙上被躺着？要是觉得有意义，有趣味，为什么脸上一点儿笑容也没有？菜做熟了为什么不自己吃？对了，他们是听了穿白衣服的人的吩咐，才皱着眉，慌手慌脚地洗这个炒那个的。他们忙碌，不是自己要这样，是因为别人要吃才这样。"

它很烦闷，想起一个人成了别人的做菜机器，心里不痛快，就很感慨地唱起来。它用歌声可怜那些不幸的人，可怜他们的劳力只为一些别人，他们做的事没有一些儿意义，没有一些儿趣味。

它不忍再看那些不幸的人，想换个地方歇一会儿，一展翅就飞起来。飞过一条弯弯曲曲的僻静的胡同，从那里悠悠荡荡地传出三弦和一个女孩子歌唱的声音。它收拢翅膀，落在一个屋顶上。屋顶上有个玻璃天窗，它从那里往下看，一把椅子，上边坐着个黑大汉，弹着三弦，一个十三四岁的女孩子站在旁边唱。它就想："这回可看到幸福的人了！他们正奏乐唱歌，当然知道音乐的趣味了。我倒要看看他们快乐到什么样子。"它就一面听，一面仔细看。

没想到完全不是那么回事，它又想错了。那个女孩子唱，越唱越紧，越唱越高，脸涨红了，拔那个顶高的声音的时候，眉皱了好几回，额上的青筋也胀粗了，胸一起一伏，几乎接不上气。调门好容易一点点地溜下来，可是唱词太繁杂，字像流水一样往外滚，连喘口气也为难，后来嗓子都有点儿哑了。三弦和歌唱的声音停住，那个黑大汉眉一皱，眼一瞪，大声说："唱成这样，凭什么跟人家要钱！再唱一遍！"女孩子低着头，眼里水汪汪的，又随着三弦的声音唱起来。这回像是更小心了，声音有些颤。

画眉这才明白了，"原来她唱也是为别人。要

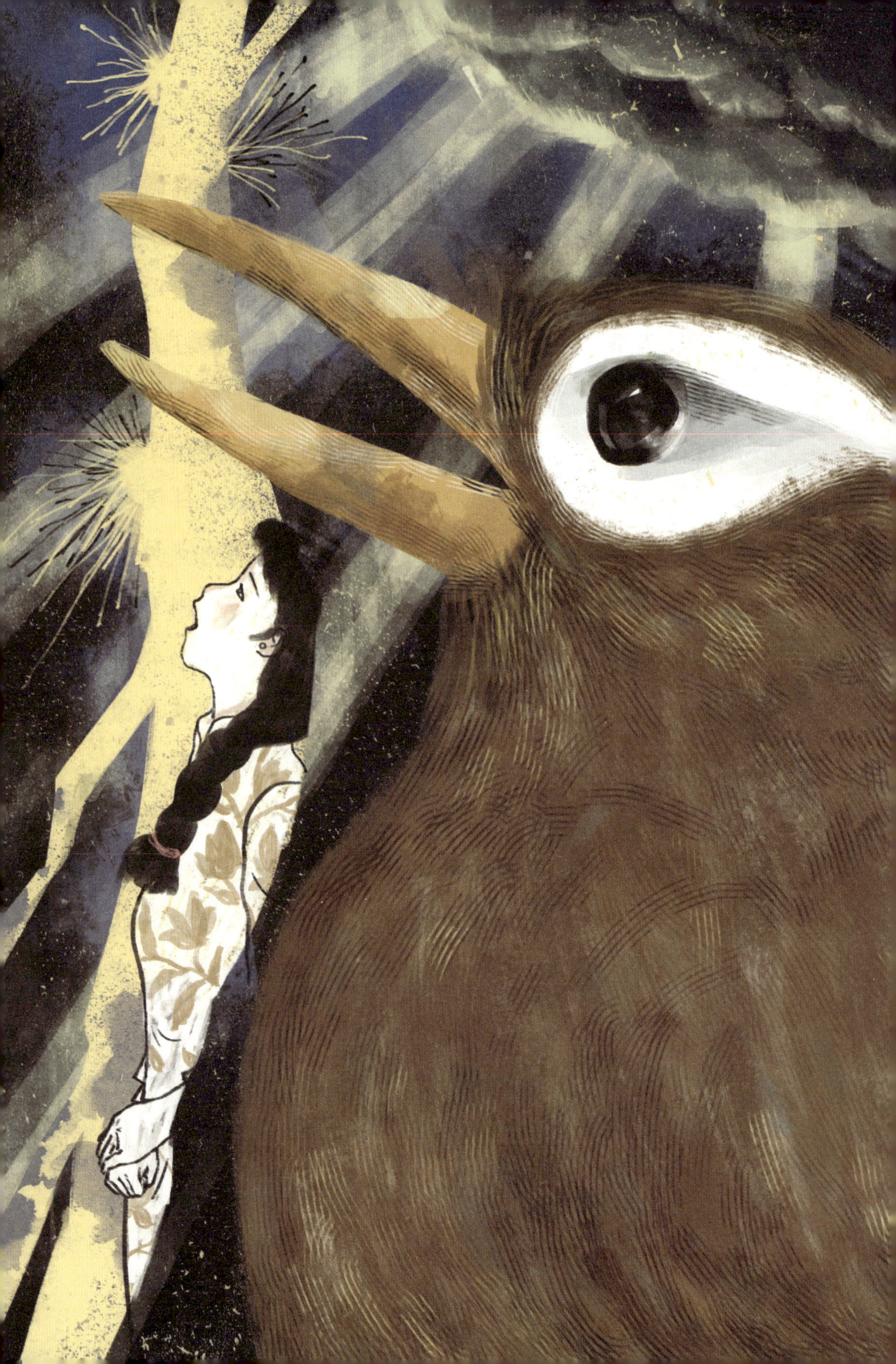

是她可以自己作主张，她早就到房里去休息了。可是办不到，为了别人爱听，为了挣别人的钱，她不能不硬着头皮练习。那个弹三弦的人呢，也一样是为别人才弹，才逼着女孩子随着唱。什么意义，什么趣味，他们真是连做梦也没想到。"

它很烦闷，想起一个人成了别人的乐器，心里很不痛快，就感慨地唱起来。它用歌声可怜那些不幸的人，可怜他们的劳力只为一些别人，他们做的事没有一些儿意义，没有一些儿趣味。

画眉决定不回去了，虽然那个鸟笼华丽得像宫殿，它也不愿意再住在里边了。它觉悟了，因为见了许多不幸的人，知道自己以前的生活也是很可怜的。没意义的唱歌，没趣味的唱歌，本来是不必唱的。为什么要为哥儿唱，为哥儿的姊妹兄弟们唱呢？当初糊里糊涂的，以为这种生活还可以，现在见了那些跟自己一样可怜的人，就越想越伤心。它忍不住，哭了，眼泪滴滴嗒嗒的，简直成了特别爱感伤的杜鹃了。

它开始飞，往荒凉空旷的地方飞。晚上，它住在乱树林子里；白天，它高兴飞就飞，高兴唱就唱。

饿了，就随便找些野草的果实吃。脏了，就到溪水里去洗澡。四外不再有笼子的栏杆围住它，它愿意怎么样就怎么样。有时候，它也遇见一些不幸的东西，它伤心，它就用歌声来破除愁闷。说也奇怪，这么一唱，心里就痛快了，愁闷像清晨的烟雾，一下子就散了。要是不唱，就憋得难受。从这以后，它知道什么是歌唱的意义和趣味了。

　　世界上，到处有不幸的东西，不幸的事儿——都市，山野，小屋子里，高楼大厦里。画眉有时候遇见，就免不了伤一回心，也就免不了很感慨地唱一回歌。它唱，是为自己，是为值得自己关心的一切不幸的东西，不幸的事儿。它永远不再为某一个人或某几个人的高兴而唱了。

　　画眉唱，它的歌声穿过云层，随着微风，在各处飘荡。工厂里的工人，田地上的农夫，织布的女人，奔跑的车夫，掉了牙的老牛，皮包骨的瘦马，场上表演的猴子，空中传信的鸽子……听见画眉的歌声，都心满意足，忘了身上的劳累，忘了心里的愁苦，一齐仰起头，嘴角上挂着微笑，说："歌声真好听！画眉真可爱！"

祥哥的胡琴

　　一条碧清的小溪边，有一所又小又破的屋子。墙壁早就穿了许多窟窿，风和太阳光月亮光可以从这些窟窿自由出进。柱子好像酥糖一样又粗又松，因为早有蛀虫在那里居住。铺在屋面上的稻草早成了灰白色，从各方吹来的风和从云端里落下来的雨，把原先的金黄色都洗掉了。屋子的倒影映在小溪里，快乐的鱼儿都可以看见。月明之夜，屋子的影子站在小溪边上，半夜醒来的小鸟儿都可以看见。

　　这所又小又破的屋子里，住着祥儿和他的母亲。祥儿的父亲临死的时候，什么事儿也没嘱咐，只指着挂在墙上的胡琴断断续续地说："阿祥，我没有什么可以传给你，只有这把胡琴。你收下吧！"祥儿不懂他父亲说这话是什么意思，他的母亲却伤心得哭不出声音来了。就在这时候,他的父亲咽气了。

这把胡琴是祥儿的父亲时常拉着玩儿的。本来青色的竹竿,因为手经常把握,变得红润了;涂松香的地方经常被弓摩擦,成了很深的沟;绷着的蛇皮也褪了色。繁星满天的夏天的夜晚,清风吹来的秋天的夜晚,他父亲就拿这把胡琴拉几支曲子。在种田累了的时候,在割草乏了的时候,他父亲也要拿这把胡琴拉几支曲子,正像别的农人在休息的时候一定要吸几筒旱烟一个样。就是极冷的冬天,白雪像棉絮一般盖在屋面上,鸟儿们紧紧地挤成一团,也可以听见从屋子里传出来的胡琴的声音。

父亲的棺材被抬出去了,胡琴还挂在墙上。风从墙壁的窟窿吹进来,只见胡琴在轻轻地左右摇摆。阳光和月光射进来,胡琴的影子映在墙上,像一把舀水的勺子。祥儿看着觉得很有趣,胡琴好像充满了神秘的味道。

母亲织了一会儿草席,指着墙上的胡琴说:"阿祥,爸爸把这东西传给了你,你要像爸爸一样会拉,我才喜欢呢!"祥儿不大明白母亲的话,只是对着墙上的胡琴发呆。吃饭的时候,母亲又指着墙上的胡琴说:"阿祥,爸爸把这东西传给了你,你要像爸爸一样会拉,我才喜欢呢!"祥儿还是对着胡琴发呆。早上,祥儿在母亲的怀里醒来,母亲又教训他说:"阿祥,爸爸把墙上那东西传给了你,你要像爸爸一样会拉,我才喜欢呢!"

直到祥儿满了四岁,母亲从墙上取下胡琴来,交在他手里。母亲说:"现在你可以拉这个东西了。我希望听到你拉出好听的调子来,跟你爸爸拉的一个样。"

祥儿双手握着胡琴。这是天天见面的老朋友,可是怎么拉法,他一点儿不懂。他移动了一下胡琴的弓,胡琴发出锯木头一般的声音。他把弓来回地拉,跟木匠师傅锯木头一个样。母亲看着他,脸上现出笑容,她称赞说:"我的儿子真聪明!"

拉动胡琴上的弓,成了祥儿每天的功课。他不但在家做这功课,走到小溪边,走到街道上,也一样做他的功课。打鱼的老汉正在溪边下网,讥笑他说:"跟锯木头一个样,拉得比你爸爸还好听哩!"蹲在埠(bù)头洗衣服的老太太也讥笑他说:"叫化子胡琴,也算接过了你爸爸的手艺么?"街道上的孩子们追赶着他说:"难听死了,难听死了,不如把胡琴送给我们玩吧!"祥儿不管他们说些什么,只顾一边拉一边走。

祥儿走到没有人的地方,周围都是高山,山下都是树林,他拉动弓,自己听着胡琴发出来的声音,觉得很快活。忽然听到有个声音在唤他:"小弟弟,想拉好听的调子么?我可以教你。"祥儿四面找,一个人也没有。是谁在说话呢?正在疑惑,那个声音又说:"小弟弟,我在这里。你低下头来就看见我了。"祥儿低下头看,原来是一道清澈的泉水,活泼泼地流着,唱着幽静的曲调。水底有许多五色的石子,又圆又光滑,可爱极了。

祥儿高兴地回答说:"泉水哥哥,你肯教我,我非常感激。"泉水说:"你听着我的曲调,把胡琴和着我的调子拉吧。"祥儿侧着耳朵听,很能懂得泉水用它的曲子讲的什么话,就拉动弓和着,胡琴不再发出锯木头的声音了。胡琴的声音紧跟着泉水的曲调,后来竟合成一体,分不出哪是泉水的哪是胡琴的了。祥哥和泉水都高兴极了,只顾演奏,忘记了一切。后来泉水疲倦了，对祥儿说："小弟弟，你拉得很好了。我想休息一会儿，明天再见吧。"泉水的调子越来越轻，最后它睡着了。祥儿离开了泉水，向前走去。

祥儿拉着新学会的曲调，引起周围的山都发出回声，成为很复杂的调子。他自己听着也很快活。忽然又听到有个声音在唤他："小弟弟，还想学一种好听的调子么？我可以教你。"他四面找，一个人也没有，难道泉水睡醒了，追上来了？正在疑惑，那个声音又说："小弟弟，我在这里。你抬起头就看见我了。"祥儿抬起头看，原来是一阵纱一般的风，轻轻地吹着，唱着柔和的曲调。小草们野花们都一边听一边点头。

祥儿高兴地回答说："风哥哥，你肯教我，我非常感激。"风说："你听着我的曲调，把胡琴和着我的调子拉吧。"祥儿侧着耳朵听，很能理解风用它的曲子说的什么话，就拉动弓和着，比任何人做任何事儿都用心。胡琴的声音紧跟着风的曲调，后来竟成了一体，分不出哪是风的哪是胡琴的了。祥哥和风都很高兴，一会儿快，一会儿慢，一会儿高，一会儿低,只顾演奏。小草和野花都听得入了迷,好像喝醉了似的都垂下了头。后来风要走了,对祥儿说:"小弟弟,你又学会了一种好听的调子了。我现在要到别处去了,有机会再见吧。"风说完就飘走了。祥儿跟风告了别,又向前走去。

祥儿轮流拉着新学会的曲调,一会儿拉泉水的,一会儿拉风的,不知不觉走进了树林。拉泉水的调子,他就想起了活泼的泉水哥哥;拉风的调子,他就想起了轻柔的风哥哥。忽然又听到一个声音在唤他:"小弟弟,再多学一种好听的曲调,不是更好么?我可以教你。"他四面找,一个人也没有。奇怪极了,除了泉水和风,又有谁自己愿意当他的音乐教师呢?正在疑惑,那个声音又说:"小弟弟,我在这里。你向绿叶深处仔细找,就看见我了。"祥儿向绿叶深处仔细找,原来是一只美丽的小鸟儿。小鸟儿机灵地从这根树枝飞到那根树枝,一边跳舞,一边唱着优美的曲调。绿叶围成的空间成了小鸟儿的舞台。

祥儿高兴地回答说:"小鸟儿哥哥,你肯教我,我非常感激。"小鸟儿说:"你听着我的曲调,把胡琴和着我的调子拉吧。"祥儿侧着耳朵听，很能理解小鸟儿用它的曲子说的什么话，就拉动弓和着。他的手腕越发灵活了，轻重快慢都能随他的心意。胡琴的声音紧跟着小鸟儿的曲调，后来竟合成一体，分不出哪是小鸟儿的哪是胡琴的了。祥儿和小鸟儿都开心极了，大家眼睛对着眼睛，微微地笑了。后来小鸟儿唱得口都渴了，对祥儿说："你学会的好听的调子越来越多了。我现在渴了，要到溪边去喝点儿水，顺便洗个澡。咱们以后再见吧。"小鸟儿说完，就飞出树林去了。

　　祥儿的胡琴拉得越来越好，拉出来的调子越来越奇妙。他的调子不是泉水的，不是风的，也不是小鸟儿的，他把三种曲调融合在一起，产生了新的曲调，好像把几种颜色调和在一起，成了新的颜色一个样。他常常去看泉水，看泉水睡醒了没有。泉水对他说："你的曲调比我的好听多了。拉一曲给我听，催我睡着吧！"他常常去看风，跟风谈心。风对他说："你的曲调胜过了我的。拉一曲给我听，让我高兴高兴吧！"他常常去看小鸟儿跳舞，听小鸟儿唱歌。小鸟儿对他说："现在你可以教我了。拉一曲给我听,让我学会你的新曲子吧。"祥儿听他们这样说,心里快乐极了,就尽量把自己新编的曲调拉给他们听。泉水听着,安静地睡着了;风听着,微微地笑了;小鸟儿一边听,一边跟他学。

祥儿跟大自然的一切做朋友,经常把自己编的曲调拉给它们听。它们个个欢喜祥儿,都把自己的曲调演奏给祥儿听。祥儿的胡琴变得越来越奇妙,他能拉许许多多自己编的新鲜曲子。母亲早就快活得不得了,她对祥儿说:"你拉胡琴,拉得跟你爸爸一样好了。我非常欢喜。你可以带着爸爸传给你的胡琴,把你自己编的曲子,拉给世界上所有的人听了。"祥儿听母亲这样说,就带着胡琴,离开了小溪边的这所破屋子。

都市里有一所音乐厅,建筑十分华丽,台阶和柱子都是大理石的,舞台上有丝织的帷幕,有用鲜花作的屏障,还有许多金色的装饰品,教人看着眼睛发花。大音乐家都在这里演奏过;演奏的时候音乐厅里坐满了人,男的女的,神态都很高雅,服饰都很华贵。他们闭着眼睛,轻轻地点着头,表示只有他们能够欣赏这样高超的乐曲。一曲完了，他们拍起手掌，轻轻地，很沉着，表示他们从乐曲中得到了快乐。演奏的音乐家的名声就越发增高了。

祥儿来到都市里，音乐厅也请他去拉胡琴。几天之前，街上已经贴满了彩画的大广告。广告上写着："奇妙的调子，新鲜的趣味，田野的音乐家。"这些字写得离奇古怪，格外引人注目。到了祥儿演奏的那一天，音乐厅里坐得满满的，自然都是经常来的老听客。他们都望着台上，张开了嘴，好像等着吃什么好东西似的。

祥儿走上台来了。他仍旧穿着他那半旧的青布衫，提着父亲传给他的那把胡琴。他向听众深深地鞠躬，听众们却在那里皱眉头。"咱们见过几百位上千位音乐家，哪里见过这样的乡下人！这把胡琴难看极了，就跟乞丐手里拿的一个样。"听众们正在这样想，祥儿把弓拉动了，琴弦发出的声音在音乐厅中流动。大家开头还很安静，可以听得十分清楚。可是才一会儿，听众说起话来了，开头还很轻，后来越急越响，好像潮水似的。祥儿的胡琴拉得越急越响，嘈杂的人声紧紧追了上来，而且盖过了胡琴的声音。隐隐约约听得他们在说："从来没听过这样的曲子！""乏味透了！""不知从哪儿来的乞丐！""是个骗子！冒充音乐家的骗子！""把咱们的耳朵都弄脏了，非赶快回去洗一洗不可！"

听众们都站起来，纷纷走出音乐厅，都去洗他们的耳朵了。老绅士的胡子翘了起来，贵夫人搽着一层粉的脸也涨得通红，公子小姐都在喃喃地咒骂，表示无法忍住他们的愤怒。最后只剩下祥儿一个人站在台上。他再也拉不下去了，提着父亲传给他的那把胡琴，走出了音乐厅，回过头来，对这座大理石的建筑微微一笑。

祥儿回到小溪边，回到自己的又破又小的屋子里，母亲问他："我教你带爸爸传给你的胡琴，把你自己编的曲子拉给世界上所有的人听，你怎么这样快就回来了？"祥儿回答说："人家不要听我的曲子，所以我回来了。"母亲笑着，把他的脑袋搂在怀里，对他说："人家不要听你的，我要听。你不要再出去了，在家里拉给我听吧。听了你的胡琴，我织起草席来更有劲了。"母亲吻着祥儿的双颊，好像他还是个小娃娃。

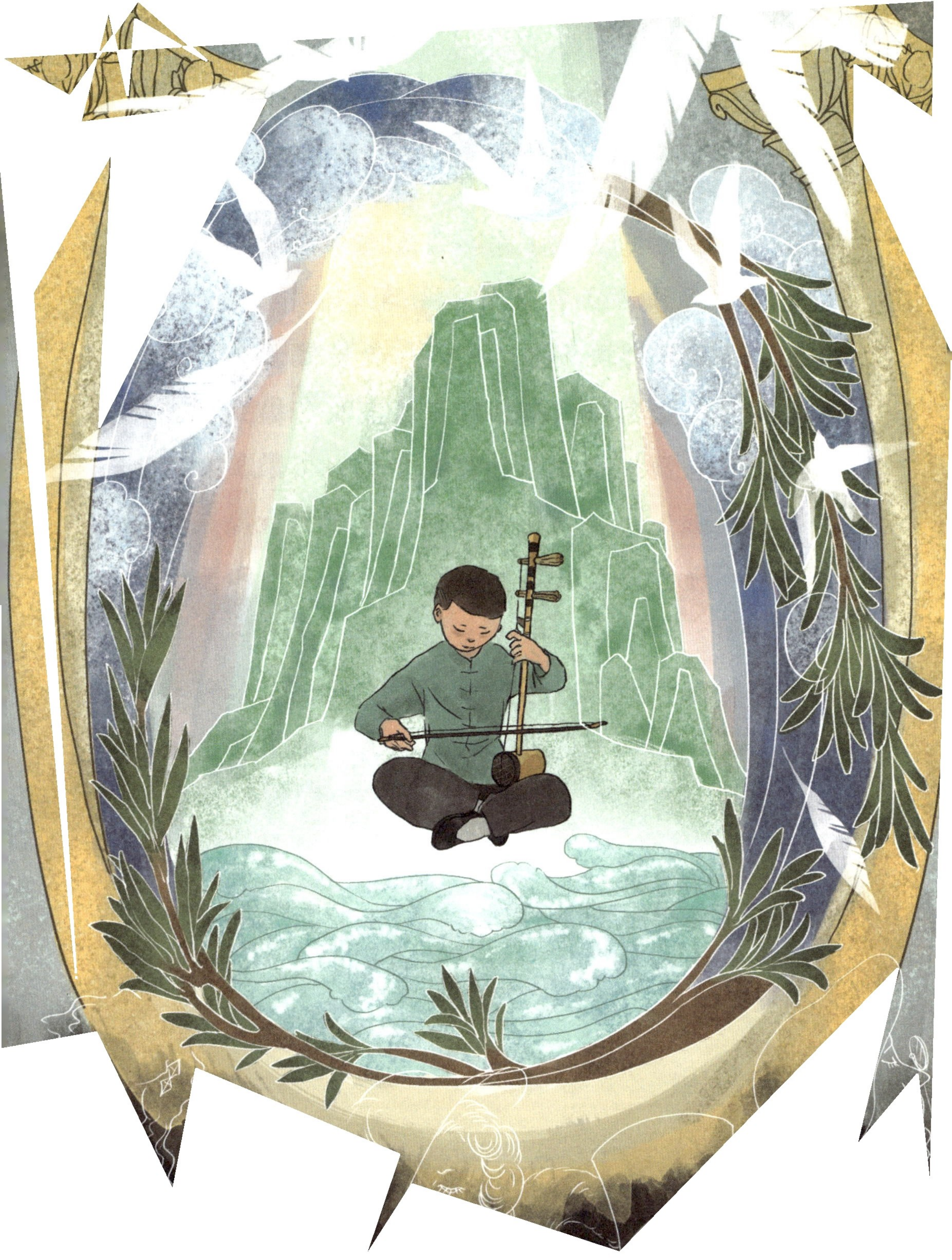

胡琴的声音常常从又破又小的屋子里传出来。在繁星满天的夏夜，在清风吹来的秋晚，在白雪铺满大地的冬天，在到处开满鲜花的春朝，近的远的村落都可以听到胡琴的声音。泉水琤（chēng）琤琮（cóng）琮，风时徐时疾，小鸟儿啾啾唧唧，都跟胡琴的声音相和：田野就成了一个没有围墙的大音乐厅。

祥儿的胡琴带领大自然的一切奏起乐来，那美妙的声音，好像轻纱一般盖在人们的身上。又倦又乏的农夫恢复了精神，又困又累的磨坊工人又来了劲头，被火红的铁屑灼伤的小铁匠忘记了痛，死掉了儿子的老母亲得到了安慰……所有的人都感到甜美，感到舒适。他们异口同声地说："感谢祥哥的胡琴。"而这祥哥的胡琴，正是大理石音乐厅里的听众们所不愿意听的。

稻草人

田野里白天的风景和情形，有诗人把它写成美妙的诗，有画家把它画成生动的画。到了夜间，诗人喝了酒，有些醉了；画家呢，正在抱着精致的乐器低低地唱，都没有工夫到田野里来。那么，还有谁把田野里夜间的风景和情形告诉人们呢？有，还有，就是稻草人。

基督教里的人说，人是上帝亲手造的。且不问这句话对不对，咱们可以套一句说，稻草人是农人亲手造的。他的骨架子是竹园里的细竹枝，他的肌肉、皮肤是隔年的黄稻草。破竹篮子、残荷叶都可以做他的帽子；帽子下面的脸平板板的，分不清哪里是鼻子，哪里是眼睛。他的手没有手指，却拿着一把破扇子——其实也不能算拿，不过用线拴住扇柄，挂在手上罢了。他的骨架子长得很，脚底下还有一段，农人把这一段插在田地中间的泥土里，他就整天整夜站在那里了。

稻草人非常尽责任。要是拿牛跟他比，牛比他懒怠多了，有时躺在地上，抬起头看天。要是拿狗跟他比，狗比他顽皮多了，有时到处乱跑，累得主人四外去找寻。他从来不嫌烦，像牛那样躺着看天；也从来不贪玩，像狗那样到处乱跑。他安安静静地看着田地，手里的扇子轻轻摇动，赶走那些飞来的小雀，他们是来吃新结的稻穗的。他不吃饭，也不睡觉，就是坐下歇一歇也不肯，总是直挺挺地站在那里。

这是当然的，田野里夜间的风景和情形，只有稻草人知道得最清楚，也知道得最多。他知道露水怎么样洒在草叶上，露水的味道怎么样香甜；他知道星星怎么样眨眼，月亮怎么样笑；他知道夜间的田野怎么样沉静，花草树木怎么样酣睡；他知道小虫们怎么样你找我、我找你，蝴蝶们怎么样恋爱。总之，夜间的一切他都知道得清清楚楚。

以下就讲讲稻草人在夜间遇见的几件事情。

一个满天星斗的夜里,他看守着田地,手里的扇子轻轻摇动。新出的稻穗一个挨一个,星光射在上面,有些发亮,像顶着一层水珠;有一点儿风,就沙拉沙拉地响。稻草人看着,心里很高兴。他想,今年的收成一定可以使他的主人——一个可怜的老太太——笑一笑了。她以前哪里笑过呢?八九年前,她的丈夫死了。她想起来就哭,眼睛到现在还红着;而且成了毛病,动不动就流泪。她只有一个儿子,娘儿两个费苦力种这块田,足足有三年,才勉强把她丈夫的丧葬费还清。没想到儿子紧接着得了白喉,也死了。她当时昏过去了,后来就落了个心痛的毛病,常常犯。这回只剩她一个人了,老了,没有气力,还得用力耕种,又挨了三年,总算把儿子的丧葬费也还清了。可是接着两年闹水,稻子都淹了,不是烂了就是发了芽。她的眼泪流得更多了,眼睛受了伤,看东西模糊,稍微远一点儿就看不见。她的脸上满是皱纹,倒像个风干的橘子,哪里会露出笑容来呢!可是今年的稻子长得好,很壮实,雨水又不多,像是能丰收似的。所以稻草人替她高兴。想来到收割的那一天,她看见收的稻穗又大又饱满，这都是她自己的，总算没有白受累，脸上的皱纹一定会散开，露出安慰的满意的笑容吧。如果真有这一笑，在稻草人看来，那就比星星月亮的笑更可爱，更可珍贵，因为他爱他的主人。

稻草人正在想的时候，一个小蛾飞来，是灰褐色的小蛾。他立刻认出那小蛾是稻子的仇敌，也就是主人的仇敌。从他的职务想，从他对主人的感情想，都必须把那小蛾赶跑了才是。于是他手里的扇子摇动起来。可是扇子的风很有限，不能够叫小蛾害怕。那小蛾飞了一会儿，落在一片稻叶上，简直像不觉得稻草人在那里驱逐似的。稻草人见小蛾落下了，心里非常着急。可是他的身子跟树木一样，定在泥土里，想往前移动半步也做不到；扇子尽管扇动，那小蛾却依旧稳稳地歇着。他想到将来田里的情形，想到主人的眼泪和干瘪的脸，又想到主人的命运，心里就像刀割一样。但是那小蛾是歇定了，不管怎么赶，他就是不动。

星星结队归去，一切夜景都隐没的时候，那小蛾才飞走了。稻草人仔细看那片稻叶，果然，叶尖卷起来了，上面留着好些蛾下的子。这使稻草人感到无限惊恐，心想祸事真个来了，越怕越躲不过。可怜的主人，她有的不过是两只模糊的眼睛；要告诉她，使她及早看见这个，才有挽救呢。他这么想着，扇子摇得更勤了。扇子常常碰在身体上，发出啪啪的声音。他不会叫喊，这是唯一的警告主人的法子了。

老妇人到田里来了。她弯着腰，看看田里的水正合适，不必再从河里车水进来。又看看她手种的稻子，全很壮实；摸摸稻穗，沉甸甸的。再看看那稻草人，帽子依旧戴得很正；扇子依旧拿在手里，摇动着，发出啪啪的声音；并且依旧站得很好，直挺挺的，位置没有动，样子也跟以前一模一样。她看一切事情都很好，就走上田岸，预备回家去搓草绳。

稻草人看见主人就要走了，急得不得了，连忙摇动扇子，想靠着这急迫的声音把主人留住。这声音里仿佛说："我的主人，你不要去呀！你不要以为田里的一切事情都很好，天大的祸事已经在田里留下种子了。一旦发作起来，就要不可收拾，那时候，你就要流干了眼泪，揉碎了心；趁着现在赶早扑灭，还来得及。这，就在这一棵上，你看这棵稻子的叶尖呀！"他靠着扇子的声音反复地表示这个警告的意思；可是老妇人哪里懂得，她一步一步地走远了。他急得要命，还在使劲摇动扇子，直到主人的背影都望不见了，他才知道这警告是无效了。

除了稻草人以外，没有一个人为稻子发愁。他恨不得一下子跳过去，把那灾害的根苗扑灭了；又恨不得托风带个信，叫主人快快来铲除灾害。他的身体本来是瘦弱的，现在怀着愁闷，更显得憔悴了，连站直的劲儿也不再有，只是斜着肩，弯着腰，成了个病人的样子。

不到几天，在稻田里，蛾下的子变成的肉虫，到处都是了。夜深人静的时候，稻草人听见他们咬嚼稻叶的声音，也看见他们越吃越馋的嘴脸。渐渐地，一大片浓绿的稻全不见了，只剩下光秆儿。他痛心，不忍再看，想到主人今年的辛苦又只能换来眼泪和叹气，禁不住低头哭了。

这时候天气很凉了，又是在夜间的田野里，冷风吹得稻草人直打哆嗦；只因为他正在哭，没觉得。忽然传来一个女人的声音："我当是谁呢，原来是你。"他吃了一惊,才觉得身上非常冷。但是有什么法子呢?他为了尽责任,而且行动不由自主,虽然冷,也只好站在那里。他看那个女人,原来是一个渔妇。田地的前面是一条河,那渔妇的船就停在河边,舱里露出一丝微弱的火光。她那时正在把撑起的鱼罾(zēng)放到河底;鱼罾沉下去,她坐在岸上,等过一会儿把它拉起来。

舱里时常传出小孩子咳嗽的声音,又时常传出困乏的、细微的叫"妈"的声音。这使她很焦心,她用力拉罾,总像是不顺手,并且几乎回回是空的。舱里还是有声音,她就向舱里的病孩子说:"你好好儿睡吧!等我得着鱼,明天给你煮粥吃。你总是叫我,叫得我心都乱了,怎么能得着鱼呢!"

孩子忍不住,还是喊:"妈呀,把我渴坏了!给我点儿茶喝!"接着又是一阵咳嗽。

"这里哪来的茶!你老实一会儿吧,我的祖宗!"

"我渴死了!"孩子竟大声哭起来。在空旷的夜间的田野里,这哭声显得格外凄惨。

渔妇无可奈何,把拉罾的绳子放下,上了船,进了舱，拿起一个碗，从河里舀了一碗水，转身给病孩子喝。孩子一口气把水喝下去，他实在渴极了。可是碗刚放下，就又咳嗽起来；并且像是更厉害了，后来就只剩下喘气。

渔妇不能多管孩子，又上岸去拉她的罾。好久好久，舱里没有声音了，她的罾也不知又空了几回，才得着一条鲫鱼，有七八寸长。这是头一次收获，她很小心地把鱼从罾里取出来，放在一个木桶里，接着又把罾放下去。这个盛鱼的木桶就在稻草人的脚旁边。

这时候稻草人更加伤心了。他可怜那个病孩子，渴到那样，想一口茶喝都不成；病到那样，还不能跟母亲一起睡觉。他又可怜那个渔妇，在这寒冷的深夜里打算明天的粥，所以不得不硬着心肠把病孩子扔下不管。他恨不得自己去作柴，给孩子煮茶喝；恨不得自己去作褥，给孩子一些温暖；又恨不得夺下小肉虫的赃物，给渔妇煮粥吃。如果他能走，他一定立刻照着他的心愿做；但是不幸，他的身体跟树木一样，长在泥土里，连半步也不能动。他没有法子，越想越伤心，哭得更痛心了。忽然啪的一声，他吓了一跳，停住哭，看出了什么事情，原来是鲫鱼被扔在木桶里。

这木桶里的水很少，鲫鱼躺在桶底上，只有靠下的一面能够沾一些潮润。鲫鱼很难过，想逃开，就用力向上跳。跳了好几回，都被高高的桶框挡住，依旧掉在桶底上，身体摔得很疼。鲫鱼的向上的一只眼睛看见稻草人，就哀求说："我的朋友，你暂且放下手里的扇子，救救我吧！我离开我的水里的家，就只有死了。好心的朋友，救救我吧！"

听见鲫鱼这样恳切的哀求，稻草人非常心酸；但是他只能用力摇动自己的头。他的意思是说："请你原谅我，我是个柔弱无能的人哪！我的心不但愿意救你，并且愿意救那个捕你的妇人和她的孩子，还有你、妇人、孩子以外的一切受苦受难的。可是我跟树木一样，定在泥土里，连半步也不能自由移动，我怎么能照我的心愿做呢！请你原谅我，我是个柔弱无能的人哪！"

鲫鱼不懂稻草人的意思，只看见他连连摇头，愤怒就像火一般地烧起来了。"这又是什么难事！你竟没有一点人心，只是摇头！原来我错了，自己的困难，为什么求别人呢！我应该自己干，想法子，不成，也不过一死罢了，这又算什么！"鲫鱼大声喊着，又用力向上跳，这回用了十二分力，连尾巴和胸鳍的尖端都挺起来。

稻草人见鲫鱼误解了他的意思，又没有方法向鲫鱼说明，心里很悲痛，就一面叹气一面哭。过了一会儿，抬头看看，渔妇睡着了，一只手还拿着拉罾的绳；这是因为她太累了，虽然想着明天的粥，也终于支持不住了。桶里的鲫鱼呢？跳跃的声音听不见了，尾巴像是还在断断续续地拨动。稻草人想，这一夜是许多痛心的事都凑在一块儿了，真是个悲哀的夜！可是看那些吃稻叶的小强盗，他们高兴得很，吃饱了，正在光秆儿上跳舞呢。稻子的收成算完了，主人的衰老的力量又白费了，世界上还有比这更可怜的吗！

夜更暗了，连星星都显得无光。稻草人忽然觉得由侧面田岸上走来一个黑影，近了，仔细一看，原来是个女人，穿着肥大的短袄，头发很乱。她站住，望望停在河边的渔船；一转身，向着河岸走去；不多几步，又直挺挺地站在那里。稻草人觉得很奇怪，就留心看着她。

一种非常悲伤的声音从她的嘴里发出来，微弱，断断续续，只有听惯了夜间一切细小声音的稻草人才听得出。那声音是说："我不是一条牛，也不是一口猪，怎么能让你随便卖给人家！我要跑，不能等着你明天真卖给人家。你有一点儿钱，不是赌两场输了就是喝几天黄汤花了，管什么！你为什么一定要逼我？……只有死，除了死没路！死了，到地下找我的孩子去吧！"这些话又哪里成话呢，哭得抽抽嗒嗒的，声音都被搅乱了。

稻草人非常心惊，想这又是一件惨痛的事情让他遇见了。她要寻死呢！他着急，想救她，自己也不知道为什么。他又摇起扇子来，想叫醒那个睡得很沉的渔妇。但是办不到，那渔妇跟死的一样，一动也不动。他恨自己，不该像树木一样，定在泥土里，连半步也不能动。见死不救不是罪恶吗？自己就正在犯着这种罪恶。这真是比死还难受的痛苦哇！"天哪，快亮吧！农人们快起来吧！鸟儿快飞去报信吧！风快吹散她寻死的念头吧！"他这样默默地祈祷；可是四围还是黑洞洞的，声音也没有一点点。他心碎了，怕看又不能不看，就胆怯地死盯着站在河边的黑影。

那女人沉默着站了一会儿，身子往前探了几探。稻草人知道可怕的时候到了，手里的扇子拍得更响。可是她并没跳，又直挺挺地站在那里。

又过了好大一会儿，她忽然举起胳膊，身体像倒下一样，向河里面窜去。稻草人看见这样，没等到听见她掉在水里的声音，就昏过去了。

第二天早晨，农人从河岸经过，发现河里有死尸，消息立刻传出去。左近的男男女女都跑来看。嘈杂的人声惊醒了酣睡的渔妇，她看那木桶里的鲫鱼，已经僵僵地死了。她提了木桶走回船舱；病孩子醒了，脸显得更瘦了，咳嗽也更加厉害。那老农妇也随着大家到河边来看；走过自己的稻田，顺便看了一眼。没想到，几天工夫，完了，稻叶稻穗都没有了，只留下直僵僵的光秆儿。她急得跺脚，捶胸，放声大哭。大家跑过来问，劝她，看见稻草人倒在田地中间。

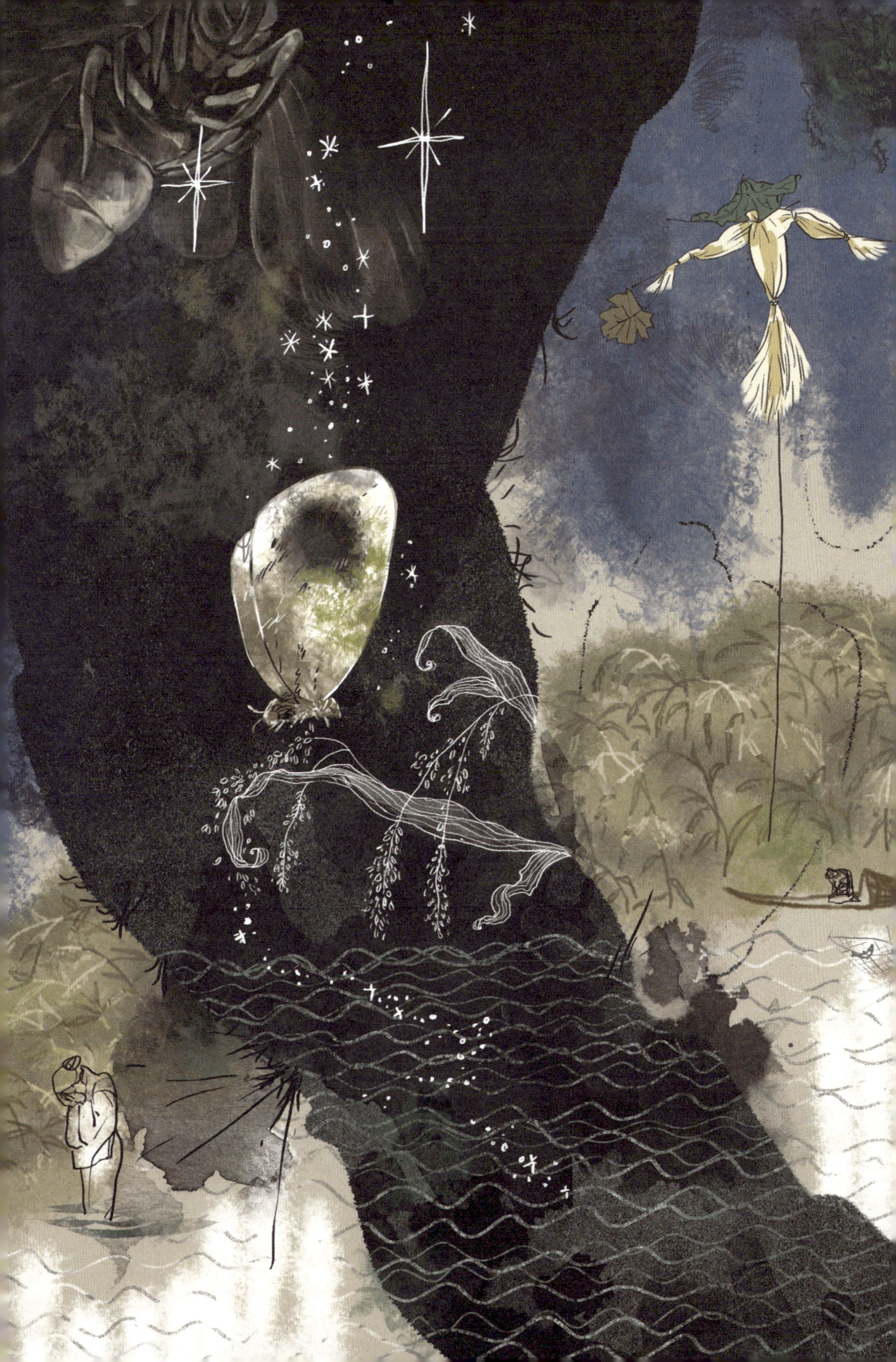

古代英雄的石像

为了纪念一位古代的英雄，大家请雕刻家给这位英雄雕一个石像。

雕刻家答应下来，先去翻看有关这位英雄的历史，想象他的容貌，想象他的性情和气概。雕刻家的意思，随随便便雕一个石像不如不雕，要雕就得把这位英雄活活地雕出来，让看见石像的人认识这位英雄，明白这位英雄，因而崇拜这位英雄。

功到自然成。雕刻家一边研究，一边想象，石像的模型在他心里渐渐完成了。石像的整个姿态应该怎样，面目应该怎样，小到一个手指头应该怎样，细到一根头发应该怎样，他都想好了。他的意思，只有依照他想好的样子雕出来，才是这位英雄的活生生的本身，不是死的石像。

雕刻家到山里采了一块大石，就动手工作。他心里有现成的模型，雕起来就有数，看看那块大石，什么地方应该留，什么地方应该去，都清楚明白。钢凿一下一下地凿，刀子一下一下地刻，大小石块随着纷纷往地上掉。像黄昏时星星的显现一样，起初模糊，后来明晰，这位英雄的像终于站在雕刻家面前了。真是一丝也不多，一毫也不少，正同雕刻家心里想的一模一样。

这石像抬着头，眼睛直盯着远方，表示他的志向远大无边。嘴张着，好像在那里喊"啊"！左胳膊圈向里，坚强有力，仿佛拢着他下面的千百万群众。右手握着拳，向前方伸着，筋骨突出像老树干，意思是谁敢侵犯他一丝一毫，他就不客气给他一下子。

市中心有一片空场，大家就把这新雕成的石像立在空场的中心。立石像的台子是用石块砌成的，这些石块就是雕刻家雕像的时候凿下来的。这是一种新的美术建筑法，雕刻家说比用整块的方石垫在底下好得多。台子非常高，人到市里来，第一眼望见的就是这石像，就像到巴黎去第一眼望见的是那铁塔一样。

雕刻家从此成了名,因为他能够给古代英雄雕一个石像,使大家都满意。

为了石像成功曾经开一个盛大的纪念会。市民都聚集到市中心的空场,在石像下行礼,欢呼,唱歌,跳舞;还喝干了几千坛酒,挤破了几百身衣裳,摔伤了很多人的膝盖。从这一天起,大家心里有这位英雄,眼里有这位英雄,做什么事情都像比以前特别有力气,特别有意思。无论谁从石像下经过,都要站住,恭恭敬敬地鞠个躬,然后再走过去。

骄傲的毛病谁都容易犯,除非圣人或傻子。那块被雕成英雄像的石头既不是圣人,又不是傻子,只是一块石头,看见人们这样尊敬他,当然就禁不住要骄傲了。

"看我多荣耀!我有特殊的地位,站得比一切都高。所有的市民都在下面给我鞠躬行礼。我知道他们都是诚心诚意的。这种荣耀最难得,没有一个神圣仙佛能够比得上!"

他这话不是向浮游的白云说,白云无精打采的,没有心思听他的话;也不是向摇摆的树林说,树林忙忙碌碌的，没有工夫听他的话。他这话是向垫在他下面的伙伴大大小小的石块说的。骄傲的架子要在伙伴面前摆，也是世间的老规矩。但是他仍然抬着头，眼睛直盯着远方，对自己的伙伴连一眼也不瞟，这就见得他的骄傲是太过了分。他看不起自己的伙伴，不屑于靠近他们，甚至还有溜到嘴边又咽回去的一句话："你们，垫在我下面的，算得了什么呢！"

"喂，在上面的朋友，你让什么东西给迷住心了？你忘了从前！"台子角上的一块小石头慢吞吞地说，像是想叫醒喝醉的人，个个字都说得清楚，着实。

"从前怎么样？"上面那石头觉得出乎意料，但是不肯放弃傲慢的气派。

"从前你不是跟我们混在一起吗？也没有你，也没有我们，咱们是一整块。"

"不错，从前咱们是一整块。但是，经过雕刻家的手，咱们分开了。钢凿一下一下地凿，刀子一下一下地刻，你们都掉下去了。独有我，成了光荣尊贵的、受全体市民崇拜的雕像。我高高在上是应当的。难道你们想跟我平等吗？如果你们想跟我平等，就先得叫地跟天平等！"

"嘻！"另一块小石头忍不住，出声笑了。

"笑什么！没有礼貌的东西！"

"你不但忘了从前，也忘了现在！"

"现在又怎么样？"

"现在你其实也并没跟我们分开。咱们还是一整块，不过改了个样式。你看，从你的头顶到我们最下层，不是粘在一起吗？并且，正因为改成现在的样式，你的地位倒不安稳了。你在我们身上站着，只要我们一摇动，你就不能高高地……"

"除了你们，世间就没有石块了吗？"

"用不着费心再找别的石块了！那时候就没有你了，一跤摔下去，碎成千块万块，跟我们毫无分别。"

"没有礼貌的东西！胡说！敢吓唬我？"上面那石头生气了，又怕失去了自己的尊严，所以大声吆喝，像对囚犯或奴隶一样。

"他不信，"砌成台子的全体石块一齐说，"马上给他看看，把他扔下去！"

上面那石头吓了一跳，顾不得生气了，也暂时

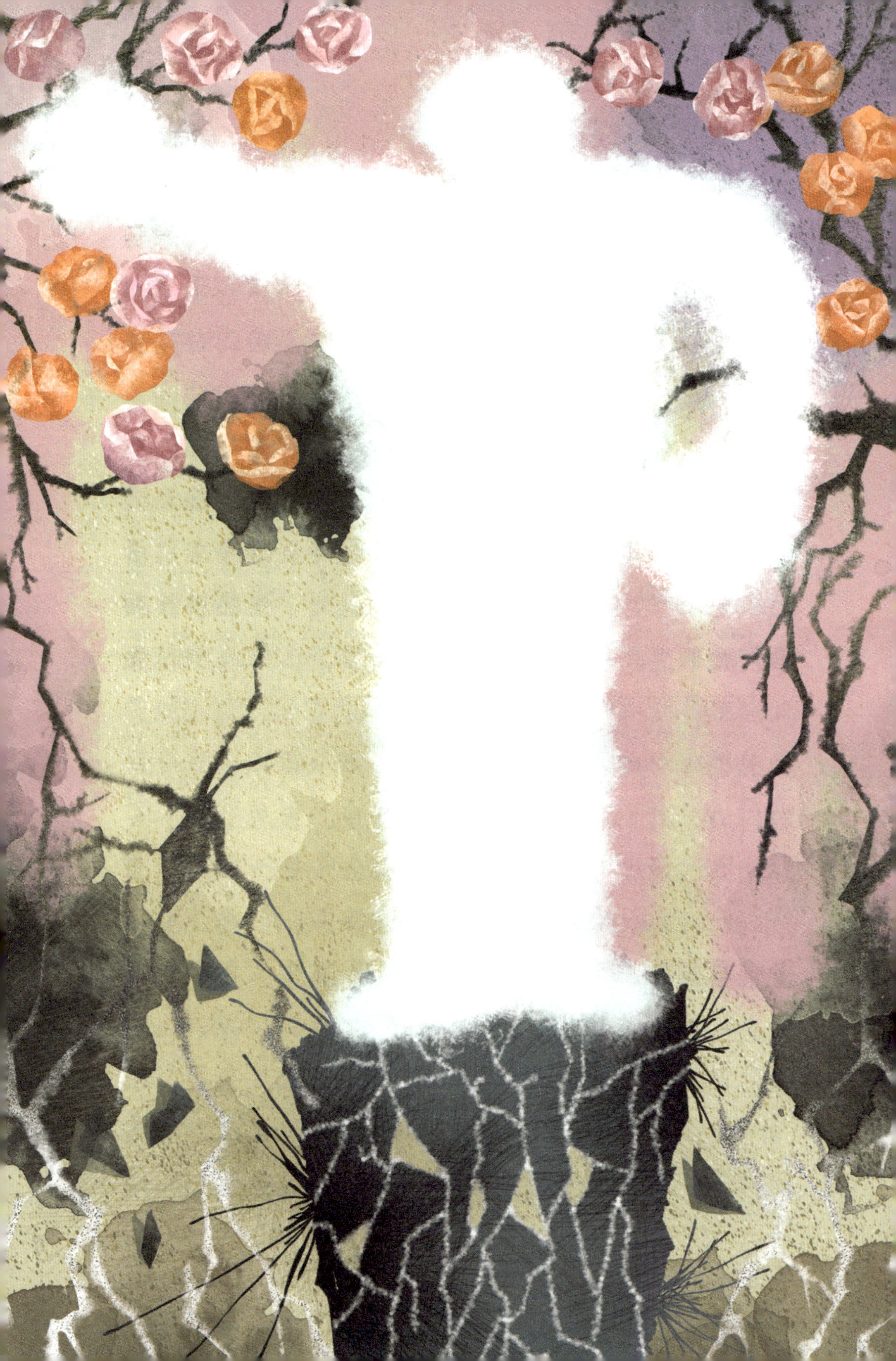

忘了自己的尊严，就用哀求的口气说："别这样！彼此是朋友，连在一起粘在一起的朋友，何必故意为难呢！你们说的一点儿也不错，我相信，千万不要把我扔下去！"

"哈！哈！你相信了？"

"相信了，完全相信。"

危险算是过去了。骄傲像隔年的草根，冬天刚过去，就钻出一丝丝的嫩芽。上面那石头故意让语声柔和一些，用商量的口气说："我想，我总比你们高贵一些吧，因为我代表一位英雄，这位英雄在历史上是很有名的。"

一块小石头带着讥笑的口气说："历史全靠得住吗？几千年前的人自个儿想的事情，写历史的人都会知道，都会写下来。你说历史能不能全信？"

另一块石头接着说："尤其是英雄，也许是个很平常的人，甚至是个坏蛋，让写历史的人那么一吹嘘，就变成英雄了；反正谁也不能倒过年代来对证。还有更荒唐的，本来没有这个人，明明是空的，经人一写，也就成了英雄了。哪吒，孙行者，不都是英雄吗？这些虽说是小说里的人物，可是也在人的心里扎了根，这就小说跟历史也差不了多少。"

"我代表的那位英雄总不会是空虚的，"上面那石头有点儿不高兴，竭力想说服底下的那些石头，"看市民这样纪念他，崇拜他，一定是历史上的实实在在的英雄。"

"也未必！"六七块石头同时接着说。

一块伶俐的小石头又加上一句："市民最大的本领就是纪念空虚，崇拜空虚。"

上面那石头更加不高兴了，自言自语地说："空虚？我以为受人崇拜总是光荣的，难道我上了当……"

一块小石头也自言自语地说："我们岂但上了当，简直受了罪——一辈子垫在空虚的底下……"

大家不再说话了，像是都在想事情。

半夜里，石像忽然倒下来，像游泳的人由高处跳到水里。离地高，摔得重，碎成千块万块。石像，连下面的台子，一点儿原来的样子也没有了，变成大大小小的石块，堆在地上。

第二天早晨，市民从石像前边过，预备恭恭敬敬地鞠躬，可是空场中心只有乱石块，石像不知哪里去了。大家你看看我，我看看你，说不出一句话，无精打采地走散了。

雕刻家在乱石块旁边大哭了一场，哀悼他生平最伟大的杰作。他宣告说，他从此不会雕刻了。果然，以后他连一件小东西也没雕过。

乱石块堆在空场的中心很讨厌，有人提议用它筑市外往北去的马路，大家都赞成。新路筑成以后，市民从那里走，都觉得很方便，又开了一个庆祝的盛会。

晴和的阳光照在新路上，块块石头都露出笑脸。他们都赞美自己说：

"咱们真平等！"

"咱们一点儿也不空虚！"

"咱们集合在一块儿，铺成真实的路，让人们在上面高高兴兴地走！"

作家的故事

叶圣陶先生是我国著名的文学家，杰出的教育家、编辑出版家和社会活动家。他的很多作品因为是经典的范文，前前后后多次被选入各种版本的中小学语文课本，直至今天。

叶圣陶，1894年10月28日诞生于苏州一个平民家庭，原名叶绍钧，字秉臣。升入中学后，有一天，同学们起哄让老师给自己取个号，老师给他写了"圣陶"两个字。从此之后，"圣陶"这个号就在同学间叫开了。

叶圣陶对童年的回忆，是父亲带着他到茶馆听说书、听昆曲，到亲戚家拜年、贺寿、吃喜酒，清明节到乡下上祖坟，秋天到乡下看收租子；是母亲教他唱歌谣；也是他刚会走路就去看园林……在人杰地灵的苏州，叶圣陶从小就受到优秀传统文化和旖旎的江南风景的熏陶和养育。

那时，叶圣陶家里除了父母和两个妹妹之外，还有祖母和外祖母，全家7口人，靠父亲每月12元的微薄收入维持生计，日子的窘迫可想而知。叶圣陶早年的日记中常有朝不保夕的忧虑，但父母亲都心地善良、乐观向上。叶圣陶说他很敬重父亲，"我懂了事就佩服他"，佩服父亲的为人，佩服父亲的"孝道"和"仁心"。

1900年春，叶圣陶家所在的巷子里有一位姓陆的人家设帐讲学，叶圣陶父亲上门送了礼品，让叶圣陶到陆家跟班学习。第二年转到了另一家私塾。这家私塾的先生教书认真，督责极严，学生念书念不出，他将戒尺在学生桌上乱拍；背书背不出，便用戒尺在学生头上乱打。叶圣陶慑于先生的戒尺，用心读书，背诵"均能上口"，文章也写得很好。

1905年夏天，父亲怂恿叶圣陶去考科举，他参加了县试，但是没有考中。后来，他以这段经历为素材，写作了短篇小说《马铃瓜》。小说中的"我"由舅父陪着到贡院参加"道试"。应试那天，父亲为"我"准备了一个轻巧的小食篮，中间盛了两个马铃瓜、七八个馒头、一包火腿，还有些

1905年时的叶圣陶

西瓜子、花生米之类可吃着消遣的东西。"我"毕竟是个十二岁的孩子,进"考棚"后吃马铃瓜,吃馒头和火腿,嗑瓜子,看热闹,围观遭痛打的"冒籍"和"抢替",直到第二天黄昏才匆匆忙忙写完了一篇三百零六字的策论,抄完要求恭默的文章。从小说的情节推想现实,没考中是很自然的事。

就在这一年,清王朝停止了科举,所以叶圣陶参加的是我国最后一次科举考试。

1906年春,叶圣陶进入公立高等小学堂,接受新式教育。叶圣陶生活的那个年代,正是中华民族风雨飘摇的年代,也是中华民族日益觉醒的年代。时代的激励、师长的教诲,孕育了少年叶圣陶的"爱国心",他和同学们一起参加了当年风起云涌的"反美华工禁约运动"。在老师的带领下,叶圣陶和同学们多次上街游行,挨家挨户张贴"本宅不用洋肥皂"的纸条,抵制美国货,提倡用国产的"菜油"和"粗肥皂",在苏州开反帝风气之先。

高小学制三年,叶圣陶因学业优异,仅读了一年就于1907年越级考入了苏州公立第一中学堂。中学时代,叶圣陶爱好文学,读了大量翻译过来的外国小说。他又特别喜欢写诗,后来组织了诗社,取名放社,被社友推为"盟主"。几年后叶圣陶创办了年级小报《课余》,自己写稿,自己印发,这算是他发表文章的开始。

1912年1月，叶圣陶以"最优等"的成绩毕业。因为家境贫寒，他没能继续深造，在校长的推荐下，他在言子庙小学当教员，由此走上了七十余年的语文教育之路。他曾到上海的中学教国文，后来又到北京大学、复旦大学任教。

1927年时的叶圣陶

1923年，叶圣陶到商务印书馆从事编辑出版工作，先后主编《文学周报》《小说月报》等刊物；后来在开明书店当编辑，他编辑出版的《中学生》杂志，成为当时最受青年学生欢迎的读物。1932年，他花了一整年的时间给孩子们编写了一套语文课本，一共十二册，四百多篇课文，其中大约有一半是他自己的创作，另外一半是有所依据的再创作。

因为喜爱文学，叶圣陶很早就开始文学创作了，开始是写诗，后来也写短论。1914年，他发表了第一篇短篇小说，是用文言文写的；1921年，他写出了第一篇童话《小白船》。在中国现代文学史上，叶圣陶做出了突出贡献，他的第一部童话集《稻草人》、第一部长篇小说《倪焕之》以及《多收了三五斗》等优秀的短篇小说，在中国现代文学史上都具有划时代的意义。

文学创作和教育工作是很难达到统一的，但叶圣陶例外。他解决了语文教育中半个多世纪都没有解决的问题，即"语文"究竟是什么。他在教育、教学方面的著述特别多，仅在语文教育方面就有十多部论著，对中国现代教育理论做出了具有独创性、系统性的重要贡献。

晚年的叶圣陶

中华人民共和国成立后，叶圣陶历任出版总署副署长、教育部副部长、人民教育出版社社长、中央文史研究馆馆长、全国政协副主席等职务。

叶圣陶是唯物主义者，相信人总是要死的。85岁那年，他郑重其事地写了遗言，嘱咐家人丧事从简，"在《人民日报》自费登个广告，告知相识的人，说我跟他们永别了"。后来又补写了几句："非但不要开追悼会，别的什么会也不要开。""如有医学院校需要，把尸体赠与。如果火化，骨灰不要捡回。"真可谓对"生"认真，对"死"认真；有一分用，尽一分用。

　　自1987年始,叶圣陶将二十五卷本《叶圣陶集》的稿酬作为基金,全部捐了出去。1988年2月16日,叶圣陶先生在北京逝世,遵照遗嘱,他的遗体交给了北京医院解剖研究,真正做到了把全部身心都交还给了国家。